公教育計画研究　14

特集：特別支援教育中止勧告の衝撃と学校改革

公教育計画学会・編

2023

第14号の刊行にあたって

　本年報は国連障がい者権利条約に基づき、2022年9月に「障がい者権利委員会」より出された勧告について「学校改革の視点」から論じようという特集である。

　国際条約は憲法98条第2項に「日本国が締結した条約及び確立された国際法規は、これを誠実に遵守することを必要とする。」と記されている。98条は憲法が国の最高法規であることを定め、「その条規に反する法律、命令、詔勅及び国務に関するその他の行為の全部又は一部は、その効力を有しない。」と宣言されている。この勧告は基本的人権保障の観点からも国家はこの勧告を受け入れなけらばならないと考えられる。やや先走って結論を言えば、予算に裏付けされた学校改革を推進せざるを得なくなる。

　2014年1月20日日本は国連に障がい者権利条約の批准書を委託、141番目の締約国・機関となった。条約締結後は条約に基づく義務の履行について日本から定期的に提出された報告書に基づいて各国専門家で構成される「障がい者権利委員会」から勧告を受けることになる。2022年9月条約締結以来、最初の勧告で、その中で障がい児を分離した特別支援教育の廃止養成、精神科の強制入院を可能にしている法律の廃止を求めたものである。

　障がい者権利委員会のヨナス・ラスカス副委員長は共同通信のオンラインインタビューで障害の有無に関係なく共に学ぶ教育推進のため教員の研修や意識の向上がもっと必要だと指摘し、強制入院患者が多くいる精神科医療については独立した監視機能が働くよう求めている。ラスカス氏は、日本審査を担当しており、勧告に当たり特別支援教育と病院や施設に多くの障がい者が入れられている状況を重視したと述べている。

　現代の社会で民主主義がどの程度進化しているのかを見る場合、差別問題の深刻さを検討すると理解しやすい。差別とは「本人の意思とさしあたり関係なく自己実現が疎外される社会的現象」であるとひとまず置くと、現代日本社会で横行している社会問題の多くは差別問題がその底流を形成していることに気づくであろう。女性差別、部落差別、障がい者差別、民族差別、在日外国人差別などはその典型である。差別論の常識として、差別問題が蔓延するということは、社会が貧困化しているからである。多くの人が「自己が差別者として振舞うこと」で優越感を得る「幻想の自己実現」にしがみつくみじめな姿は、格差社会の貧困状況に追い込まれた姿でもある。差別にから

めとられていく道筋はまず「差別をする」人が「差別をされる人」とは「違う」という認識を持っていないと始まらない。だからまず「区別」が必要でそのためには「生活を隔離する」することがコアとなる。障がい者差別は最もこの論理に入りやすいと思われる。人は様々な個性を持っている。当たり前である。それをある尺度で平均化して、そこからずれていると排除する。「障がい」と指摘されるものはこのずれが見えやすい。日本社会はこのずれに非常に不寛容な社会であるといえる。なるべく平均化しようとする思考が働く。だから障がい者を医療モデルとみる場合がほとんどで、治療対象として扱う場合が多いのではないか。同じ社会を構成する人として「障がい者」を捉えると、「人権モデル」あるいは「社会モデル」として扱うことになると思われる。

　国連の勧告はこの点を突いている。障がい者権利委員会のヨナス・ラスカス副委員長の目に映った日本は、人間の平等という普遍的原理を十分に尊重していないと映っているのではないか。多文化共生社会、インクルーシヴ社会、女性活躍社会など聞こえのいい言葉だけが踊り、ヘイトスピーチはリアル社会はもとよりネットでも日常的な風景になり、ジェンダーギャップ指数は最新値で125位、このような現状下で特別支援教育と強制入院ということが差別であると指摘されているといえるのである。

　日本の教育行政はこの点を真摯に受け止め、改善策を具体的に数値目標として示し打ち出す必要がある。この問題は教育だけの問題ではない。日本の民主主義の問題なのである。

　本特集は、国連勧告をどのように受け止め、またそこでどのように改革を進めていくのかを特別支援教育に視点を当てて編集したものである。本特集が議論を進めるうえで参考となることがあれば編集委員会としてはとても喜ばしいことである。

2023年6月20日　公教育計画学会編集委員長

相庭和彦

公教育計画研究14〔公教育計画学会年報第14号〕
特別支援教育中止勧告の衝撃と学校改革

【連載論稿：先人の知恵に学ぶ】

書評

英文摘要

学会関係記事

特集
特別支援教育中止勧告の衝撃
と学校改革

特集 ：特別支援教育中止勧告の衝撃と学校改革

国連障害者権利条約第一回日本審査の経緯と日本の課題——建設的対話と総括所見から

一木　玲子

はじめに

　2022年8月に国連で障害者権利条約の第一回日本審査が開催された。その後、障害者権利委員会が公開した総括所見では、日本政府にたいして特別支援教育を中止するようにという勧告が行われ、全ての子どもが普通学級で学ぶインクルーシブ教育に移行するよう強く要請された。なぜ、このような勧告が出されたのか。本稿では、第一回日本審査の建設的対話における日本政府と障害者権利委員会とのやり取りを紹介し、総括所見から、障害者権利委員会は日本に何を求めているのかを整理する。

1　建設的対話までの手続き

（1）政府報告と障害当事者団体の参画

　国連の条約を批准すると、締約国は条約を遵守する義務が生じる[1]。各条約の権利委員会は、締約国に対して包括的な報告を定期的に求め、「当該報告について適切と認める提案及び一般的な性格を有する勧告を行う」と[2]。そのために実施されるのが「建設的対話」（constructive dialogue）という障害者権利委員会（以下、権利委員会）と各国政府との会議である。一般的には日本審査や対日審査と称するほうがなじみがあるが、建設的対話と称する理由は、審査というような権利委員会が上から意見をするというものではなく、障害者が差別されない共生社会の創造という同じ目的のもと、権利委員会と各国政府がパートナーとして対話をして条約に基づいて国を整備していこうという意味がこめられている。

　図1は建設的対話のイメージ図である[3]。設計図を見ているのは障害者権利委員会で、設計図は障害者権利条約である。それに基づいて日本政府が建物（国）を建てており、権利委員会と日本政府は定期的にチェック

（建設的対話）を行いながら、完成に近づけていく。これが、条約を履行
するプロセスである。

図1　建設的対話のイメージ図

　ところで、図には権利委員と日本政府を見守っている車いすユーザーや
ヘルプマークを付けている障害当事者が描かれている。障害者権利条約の
大きな特徴は障害当事者の参画であるが、審査過程においてもNGO団体
は公式なパートナーとして認識され、権利委員会とのブリーフィング（N
GO団体のスピーチや質疑応答）に参加する機会を得ている。今回の第一
回日本審査は以下のスケジュールで行われた。

2016年6月　日本政府第一回報告書提出
※2019年9月23日　権利委員会とNGO団体との公式ブリーフィング
　（ジュネーブ国連本部にて）
2019年9月25日　権利委員会から日本政府へ第一回政府報告書に対する
　事前質問会議（ジュネーブ国連本部にて）
2022年中旬　政府、権利委員会に事前質問の回答を提出
※2022年8月19、22日　権利委員会とNGO団体との公式ブリーフィン
　グ（ジュネーブ国連本部にて）
2022年8月22、23日　建設的対話（ジュネーブ国連本部にて）
2022年9月9日　権利委員会、総括所見を公開（2022年10月7日確定版
　公開）
この過程におけるNGO団体の公式な活動を※マークで記載した。NG

O団体は、政府報告書で日本政府が報告しなかった事実や、事前質問会議で日本政府に質問してほしいことを記載したパラレルレポートを権利委員に提出し、2019年9月23日にジュネーブ国連本部で権利委員と団体の公式会議（公式ブリーフィング）に参加しスピーチや質疑応答に参加した。ＮＧＯ団体はこれ以外にも私的に権利委員とアポを取り、自分たちの声を届けた。そして、2022年の建設的対話に際しても、自分たちが求める勧告案を記載したパラレルレポートを提出し、建設的対話の前に開催された公式ブリーフィングにおいて、権利委員に障害当事者や支援団体から見た日本社会の実情を訴えた(4)。

　このように、障害者権利条約の各国審査は、国の政府からの報告と、障害当事者や支援団体などＮＧＯ団体からの報告の双方から、障害者権利委員会は国の条約履行の状況を把握する。そのうえで、建設的対話に臨むという手続きで実施されるのである。

（２）障害者権利委員会の位置づけと構成メンバー

　障害者権利委員会の委員は18名で構成されている。「徳望が高く、かつ、この条約が対象とする分野において能力及び経験を認められた者」(5)で、締約国によって推薦され選出されるが、政府の代表としてではなく、独立した専門家として活動する。任期は４年間で１度の再選資格があり２期まで続けることができる。権利委員会は、委員が地理的に衡平に配分されること、異なる文明形態及び主要な法体系を代表するものであること、ジェンダーの均衡がとれていること、障害のある専門家が参加することを考慮して選考される(6)。日本からも、静岡県立大学元教授の石川准さんが2017年から４年間、障害のある専門家として権利委員を務めた。

　第一回日本審査当時の権利委員会は18名、このうち17名が障害当事者とのことで、女性11名、男性７名、車いすユーザーである韓国のキム・ミョンさんや視覚障害者であるモンゴルのドンドフドルジさん、そして知的障害者であるニュージーランドのロバート・マーテインさんなどが務めている。

　日本審査が行われた27セッション当時の権利委員のメンバーは以下である。（カッコ内の数字は任期の最終年を表している）

Ms.Rosa Idalia ALDANA SALGUERO（Guatemala 2024）

Mr.Abdelmajid MAKNI（Morocco 2024）

Mr.Danlami Umaru BASHARU（Nigeria 2022）

Ms.Gerel DONDOVDORJ（Mongolia 2024）

Ms.Vivian FERNÁNDEZ DE TORRIJOS（Panamá 2024）

Ms.Odelia FITOUSSI – Rapporteur（Israel 2024）

Ms.Mara Cristina GABRILLI（Brazil 2022）

Ms.Amalia GAMIO – Vice Chair→（Mexico 2022）

Mr.Samuel Njuguna KABUE（Kenya 2024）

Ms.Rosemary Kayess – Chairperson（Australia 2022）

Ms.Miyeon KIM – Vice Chair（Republic of Korea 2022）

Mr.Robert George MARTIN（New Zealand 2024）

Mr.Floyd MORRIS（Jamaica 2024）

Ms.Gertrude OFORIWA FEFOAME（Ghana 2022）

Mr.Jonas RUSKUS – Vice Chair（Lithuania 2022）

Mr.Markus SCHEFER（Switzerland 2022）

Ms.Saowalak THONGKUAY（Thailand 2024）

Ms.Risnawati UTAMI（Indonesia 2022）

2　建設的対話における権利委員からの日本の教育への強い関心と懸念

（1）建設的対話の参加者・傍聴者とヨナス・ラスカス氏の冒頭発言

　2022年8月22日の午後と23日の午前、合計6時間に渡って建設的対話が行われた。障害者権利委員会の委員長はオーストラリアのローズマリー・ケイエスさんで、オンラインで参加され二日目の議長を務められた。日本担当の国別報告官は韓国のキム・ミョンさんとリトアニアのヨナス・ラスカスさんで、この二人が日本の総括所見の責任者として作成した。日本からは31名からなる代表団が派遣され、外務省、内閣府、法務省、総務省、厚生労働省、文部科学省（以下、文科省）、国土交通省から構成されていた。文部科学省からは特別支援教育課の山田泰造課長が出席された。また、代表団ではない立場で、内閣府障害者政策委員会の石川准委員長と三浦たか子委員長代理が参加された。日本からは100名以上の障害当事者や支援者などのNGO団体や日本弁護士連合会（日弁連）、国会議員で障害当事者

でもある、れいわ新選組の船後靖彦参議院議員も傍聴参加された。マスコミも現地派遣されてリアルタイムで日本に新聞報道されるなど、関心の高さがうかがわれた。傍聴人数としては障害者権利条約史上最も多いもので、画期的な出来事であったという。

建設的対話は、まずは日本代表団団長の片平聡外務省総合外交政策局参事官から冒頭ステートメント（挨拶）がなされ、その後、条文ごとに権利委員が質問をし、日本政府が回答をする方式で行われた。第1条から第10条までがファーストステージ、第11条から第20条まではセカンドステージ、第21条から33条までがサードステージとして、二日間かけて順番に行うというものである。

片平団長の挨拶に続き、国別報告官のヨナス・ラスカスさんが冒頭発言を行った。発言では、障害者差別解消法の成立など日本の努力を賞賛しつつも、障害者の入所施設の永続化、精神病院に多くの人が入院している事実、分離教育が行われインクルーシブ教育に否定的な意見があることについて強い懸念があると述べられた。そしてその後に、2016年の神奈川県相模原市で起きた津久井やまゆり園事件に触れて、これらの施策が人の意識にも影響を与えているために改めなければならないと述べた。（「私は、このような考え方が、日本社会で実際にあることを懸念しています。2016年に起きた19人の障害者が死亡し、26人が負傷した事件は、最も悲劇的な出来事であるだけでなく、一つの兆候ではないか。すべての障害者に対する威厳と尊厳についての意識の高揚が最優先されなければならないものだと考えています。」）

また、内閣府障害者政策委員会の石川准委員長が途中挨拶され、日本の条約履行における三つの懸念として、ここでもインクルーシブ教育への移行が遅れていることが述べられた。12条成年後見制度による法的能力の制限、14条の精神病院の強制入院に続いて、24条のインクルーシブ教育について、以下のように述べている。「三つ目の懸念は、24条に関するものである。日本政府によるインクルーシブ教育システムの定義には、特別支援学校も含まれている。特別支援学校や特別支援学級に在籍する児童、生徒の数は、増加の一途を辿っている。分離教育からインクルーシブ教育へのパラダイムシフトが遅れている。通常学級での合理的配慮や個別支援の取り組みは限定的である。」このように、権利委員がNGO団体のパラレルレ

ポートを読み込み、インクルーシブ教育が進行していない日本の実情を正確に把握される中、建設的対話が始まった。

（2）権利委員の質問に対する文科省の回答

建設的対話では、権利委員の条約に基づいた質問に対して、日本政府団は現状の制度説明に周知したほぼ同じ内容を繰り返していた。文科省の回答も同様で、障害者権利条約の目的に向かって今現在どの段階におり今後の課題は何なのか全くわからないものであった。中には正確ではない回答もあり、条約に対する誠実な態度が全く見られない残念な姿であった。文部科学省の山田泰造課長はインクルーシブ教育に関して合計5回回答をしている。以下、それら質問と回答を紹介する。

①第7条（0）児童の意見表明権について
ドンドフドルジ委員 の質問
「障害児が自分たちに関係する問題について意見表明する権利がどのように保障されているのか。」「国として、障害児の意見を考慮する措置がどのようにとられているか。これに関して、情報保障がどのようになされているのか。」
　バシャール委員 の質問
「障害児が自分の意見を自由に言える権利、そしてその意見に対して十分考慮に入れられるという権利、これは自分に影響を与えるすべての事項において、家族、教育、司法、行政の手続きにおいて、どういった措置がとられているのか。」
　→文科省（特別支援教育課山田泰造課長）の回答1（08,22）
「我が国では教育におきまして、本人また保護者の意見を表明する機会を確保している。具体的には、2013年に法令を改正して、障害の専門的なサポートが受けられる学校にするか、地域の健常者と同じ学校にするか選ぶにあたり、その意見を最大限尊重することとした。また現在、たいへん多くの障害児が 通常の健常児と一緒に学ぶ学校を選んでいるが、そこにおいてもしっかりとしたサポートができるような特別支援教育支援員を置けるよう財政的に支援するとともに、その職についても位置付けを省令に明記 した。」

→文科省の回答に対するガミオ委員の意見

「通常学級かあるいは特別支援学級に行くか、選ぶべきではない。条約は明確に特別教育を否定している。政府はインクルーシブ教育を推進しなくてはならない。」

②医学モデルから、社会モデル・人権モデルへの転換について

モリス委員の質問

「障害に関しては、日本社会に医学モデル、慈善モデルが非常に根強くまだ残っていると思うので、これに対応するために教育などその他の分野で、たとえば相談、その他どのような支援がされているかということについてまだ十分に答えていただいていないようなので、繰り返したいと思います。それからさらに、たとえば、障害者に対する差別をこれから禁止し、防止していくために、どのような措置を、さらにとるという考えなのか。」

マーティン委員の質問

「啓発活動について説明がありました。確認のために伺います。障害の人権モデルに沿ったかたちで、啓発活動は行なわれているのか。

→文科省（特別支援教育課山田泰造課長）の回答2（08,23）

「我が国では、社会モデルについての教育、また人権教育を進めている。社会モデルの教育については、障害者差別解消法が社会モデルの考え方に沿って策定されており、文部科学省で作成した心のバリアフリーノートでも障害の社会モデルを扱い、その概念の理解啓発に努めているところである。人権教育については、冒頭、外務省から回答した通りだが、政府の計画の中に障害者を位置付けて教育を学校等で行っている。」（注：人権モデルと人権教育を取り違えて回答している）

→参考）外務省からの（冒頭の）回答（8.23）

「優性思想、偏見に対する人権教育について説明します。2000年に人権教育及び人権啓発の推進に関する法律が成立し、それに基づいて2002年に人権教育人権啓発に関する基本的な計画が閣議決定されました。その中では、個別の人権課題として障害者も位置付けられています。学校教育においては、2008年3月に人権教育の指導方法等のあり方について、第三次とりまとめを示しました。この中の実践編、個別な人権課題に対する取り組みにおいては、個別人権課題として障害者を取り上げ、学校教育におい

ては障害のある子どもとの交流教育をはじめ、教育活動全般を通じて障害者に対する理解、社会的支援や介護、福祉などの課題に対する理解を深めさせる教育を推進するとしています。障害者基本法及び障害者基本計画を収録しています。」

③インクルーシブの推進と学校の選択、合理的配慮の提供について
フェトゥッシ委員
「文科省に対してですが、一般の普通の教育の学校教育か、あるいは特別な教育を選べるということだが、合理的配慮を普通の学校で行なうことができれば、特別支援学校に行く必要はなくなるのではないか」
→文科省（特別支援教育課山田泰造課長）の回答3（08,23）
「インクルーシブの推進と学校の選択、また合理的配慮の提供について回答する。日本では2013年に制度改正を行ない、基本的に本人と保護者の意思に基づき通う学校が決められることとなった。その結果、健常児と同じ場で学ぶ障害児が大きく増え、インクルーシブ教育も大きく進展した。一方で、合理的配慮で特別支援学校を選ぶ当事者を全面的に減らすことは困難であると考えている。我が国では、小学校より中学校、中学校より高等学校の段階で特別支援学校を選ぶ当事者が増えている。その選んでいる当事者の9割は、知的障害のある子どもである。次に選ばれている理由を述べる。知的障害児にとっては、健常児と同じ学習内容を理解することは、だんだん困難になってくる。一方、発達に応じた教育を行なう特別支援学校では、知的障害児も積極的に発言しリーダーシップを発揮することができる、こういった理由から選ばれている。そういう状況ではあるが、文部科学省では、引き続き、インクルーシブと合理的配慮を一層充実させていく。」（注：就学する学校の最終決定は本人と保護者ではなく市町村教育委員会であるため誤った回答をしている）

④インクルーシブ教育を推進するための今後の計画について
フェトゥッシ委員の質問
「学校における教育は、まだインクルーシブな教育ができていないようだが、選択やポリシーとかで分離された教育を閉鎖するということで、インクルーシブな教育を促進し、これに関することに資するような予算の配

分は行われるのか。通常の学校の関する方向の教育を行なっていくという
のが今後の方向だと思うのですが。」

　ドンドフドルジ委員の質問

　「障害を持つ子どもたちに関する質問ですが、分離された環境で教育を
受ける子どもたちの数がかなり増えているようにみえます。少し例を言い
ます。学校施行令の22条の3に定義されているカテゴリーに属する人で、
通常のクラスに小学校で入っている人は2016年5月で1,575人だったのが、
2017年には1,144人まで減っている。合理的配慮や質のある教育を、平等
な観点から受けることができているのか。とくに盲ろう者に対する教育。
国内法制と条約との調和化ということではどうか。通常の学校によって、
障害を根拠として学生をrejectすることは許されないんだということを書
いた条項を用意する計画はあるのか。次に、啓発活動についてだが、地元
の教育委員会が両親に対してインクルーシブな教育について、意識を啓発
することがあるのか。」

　→文科省（特別支援教育課山田泰造課長）の回答4　（08.23）

　「第2クラスターでも答えた通り、我が国では、基本的に本人と保護者
の意思に基づいて通う学校が決定されることとなりましたが、合理的配慮
を提供しても知的障害のある児童生徒を中心に特別支援学校を選ぶ、とく
に高等部、中等部の当事者が多くなっている。一方で、我々としては通常
の学級において、インクルーシブ教育がなされるということが大変重要で
あると考えているので、通常学級の子と交わる交流および共同学習の推進
であるとか、心のバリアフリーノートの配布による教育等による他、また
通常の学級で児童生徒の学習生活等を支える特別支援専門員の配置や法令
上の位置付け等を通じて、通常の学級を選ばれた障害のある子が必要な学
びが得られるよう支援をしていますし、これからも充実していきたいと考
えている。」

　→文科省（特別支援教育課山田泰造課長）の回答5　（08.23）

「我が国ではインクルーシブのために合理的配慮の充実等取り組みを進め
ているが、本日、昨日からいただいたそれは不十分であるという指摘を重
く受け止めて、引き続きその充実を図っていきたい。そのうえで、具体的
に回答する。通常学級に在籍をしながらサポートを受ける障害のある児童
生徒は、この10年間で倍増していてインクルーシブ教育は一定程度進展

をしていると考えている。盲やろうの障害のある児童生徒については、医療の進歩であるとか合理的配慮の進展によって、以前よりは特別支援学校を選ばないケースが増加している。盲ろうの障害のある児童生徒を含めて、またこれは健常児についても同様であるが、最終的にどこの学校に通うかということについては、その学校を設置している自治体の判断となっている。一方で、先ほど申し上げたように、我々は法律を改正して、本人、保護者の意見を最大限尊重するということとしている。引き続き、交流及び協同学習、心のバリアフリーノート等の取り組みをしてきたが、特別支援員をはじめとして不十分であるという指摘をしっかりと踏まえて、合理的配慮の充実またインクルーシブの進展に努める。」

（３）建設的対話における論点
　以上のやり取りにおいて、権利委員と政府との建設的対話の中で何が焦点になったのか、論点を４つ出して解説を行う。

①特別支援学校か普通学校か選択できるという文科省と分離した学校は選んではいけないという権利委員会
　７条に係る障害児の意思決定の質問に対して、バシャール委員 やサオラック委員、ドンドフドルジ委員からは、国はどのような措置を行うことでそれを保障しているのか、という問いが出された。これに対して、山田課長は、就学先決定の際に特別支援学校か普通学校かを本人が意見を表明する機会を確保していると回答している。これは、2013年の学校教育法施行令改正において、就学先を本人の障害や学校の状況等で総合的判断を行い、市町村教育委員会が最終決定するようしたもので、その際には本人・保護者の意向を最大限尊重するよう通知が出されている。（ちなみに、建設的対話では就学先を「本人・保護者が決定する」と文科省は複数回述べているが、これは間違いである）。
　ところが、この回答に対して、権利委員からは、子どもは、普通学校か特別支援学校を選択するべきではないという意見が出された。ガミオ委員は「子どもは普通学校に行くか特別学校に行くか選ぶべきではない。条約では明確に特別教育を否定している。政府はインクルーシブ教育を推進しなくてはならない。」と述べ、フェトゥッシ委員は「合理的配慮を普通学

校で受けることができれば特別支援学校に行く必要はなくなるのではないか」という意見を述べている。

　先に紹介した石川准さんも述べているが、日本ではインクルーシブ教育の定義に分離教育である特別支援学校が含まれている。対して、障害者権利条約では、排除、分離、統合（インテグレーション）はインクルージョンとは異なると明確に述べている(8)。ここでは、日本が「多様な学びの場」として障害のある子どもの就学先に特別支援学校、特別支援学級、普通学級の通級指導を用意し、個別の教育的ニーズに応じて選択することを「インクルーシブ教育システム」と称していることが誤りであることが明確に指摘されたと言える。日本では、障害のある子の就学先をいかに適切に選択するかに現在苦心して工夫が凝らされているが、それ自体条約からすると差別である。選択できることは良いことだという論調があるが、そもそも障害のない子は選ばないのに障害がある子はなぜ6歳の時点で学校を選ばなければならないのか、「選ばされることは差別」であることがここで指摘されたのである。

　普通学級に在籍していたが、勉強が十分できなかった、クラスメイトとの関係がうまくいかなかったなどの理由で、特別支援学級や特別支援学校に移る障害のある子どもが多く存在する。分離された場は必要であるという論が必ず付きまとう。だが、インクルーシブ教育とは、そのような厳しい状態の普通学級に障害児が在籍することではなく、普通学校の合理的配慮の不備や教員などの障害を見る目や価値観など、障害児が生きづらい今の厳しい普通学級の在り方に着目し、普通学級を再構築するものである。子どもの権利条約の勧告では、日本の学校は過度に競争的であると何度も指摘されてきた。不登校の児童生徒数は2022年は過去最高の数を記録している。障害児が過ごしにくい普通学級は、障害のない子どもにとっても過ごしにくいと容易に想像できる。障害児を含めたすべての子どもが安心して過ごせる普通学級を、子どもたちの声を聴きながら構築していくこと、それがインクルーシブ教育である。「インクルーシブ教育はプロセスである」と言われる所以である。

　ちなみに、一般的意見4号にはPlain Versionではインクルーシブ教育とは何かを以下のように紹介している(9)。

「インクルーシブ教育とは、障害の有無を問わずあらゆる可能性のある 児童・生徒・（以下、生徒）が同じ教室で一緒に学ぶことである。つまり障害のある生徒、障害のない生徒の両方が同じ教室にいるということである。このことには、誰もが一緒に学びながら、個別のニーズを満たすことができる教育制度を構築することが含まれる。

全ての人のための質の高い教育（quality education）に焦点を当て、教育機関、例えば学校や大学が、全ての生徒を援助して、全ての生徒が最善の状況で、完全に参加できるようにする。

インクルーシブ教育とは、全ての生徒が上記の教育を受けられるようにするために、教育のあり方を大きく変えることを指す 。つまり、教育制度は個人のニーズ に合わせられるべきであり、個人を教育制度に合わすことではないということである。

このように、インクルーシブ教育は排除や分離、または統合とは異なるものである。障害のある生徒が教育を受ける権利を完全に否定されたり（排除）、別の学校や教室で学ぶことを強いられたり(分離)、必要な 援助なしに通常学級へ入れられること（統合）は、インクルーシブ教育ではない。」

②インクルーシブ教育が進展しているとする文科省と分離教育を受けている子どもが増加していると反論する権利委員

山田課長は、日本はインクルーシブ教育が進展していると何度も発言している。この根拠について文科省に開示請求したところ、通級指導を受けている児童生徒の増加を示すデータであった 。この発言に対して、ドンドフドルジ委員は、「分離された環境で教育を受ける子どもたちの数がかなり増えているようにみえます。学校教育法施行令 22 条の３に定義されているカテゴリーに属する人で、小学校の普通学級に在籍している人は2016年５月で1,575人だったのが、2017年にはこれが1,144人まで減っています」。この数字はNGO団体がパラレルレポートなどで権利委員に伝えたものである。

学校教育法施行令22条の３とは、特別支援学校の就学する基準を表す表で、知的障害、肢体不自由、聴覚障害、視覚障害、病弱の５つの障害と程度が記載されており、多くの自治体ではこの表を参照して障害のある子ど

もの「適切な」就学先を決めている。これらの障害に該当する子どもは条約批准後も特別支援学級や特別支援学校での在籍が減少していない。一方、通級指導を受けているのは主に発達障害の児童生徒であり、さらに、発達障害の診断を受けている子どもの増加の背景には、発達障害の過剰診断が指摘されている。従来、障害と認識されてこなかった子どもたちが障害児と診断されて普通学級で通級指導を受けている。これをインクルーシブ教育の進展と称しており、これら発達障害と呼ばれる子どもが増加している学校教育の要因については目を向けもしない。

　そもそも、インクルーシブ教育という言葉は1990年タイのジョムティエンで開催されたユネスコ万人のための教育会議で提唱された。障害児だけではなく、学校から排除されやすい全ての子どもたちが学校に通えるようにすることが世界の目標となり、そのために、学校に通えない子どもに問題があるとする従来の見方から、学校に多様性を尊重する装置がないと捉え学校の在り方を問う「インクルージョン・レンズ」という考え方が登場した。この考え方が無いため、日本では学校に不適応を起こす子どもはすべて子どもの責任に帰す教育政策が進行している。このように、学校教育全体の在り方を問わずに、普通学級に適応できる子どもは普通学級でインクルーシブ教育をするが、そうでない子どもは分離された場で教育を行うという教育政策が進行しているのである。

　③知的障害のある子どもが特別支援学校を選んでいるという文科省と、では日本はインクルーシブ教育に移行するためにどのような計画があるのかを問う権利委員

　山田課長は、知的障害のある児童生徒が特別支援学校を選んでいる、学校段階が進むほど多くなっており、原因は普通学級の授業についていけないからであると述べている。これに対して、権利委員からは、では、その現状の中、インクルーシブ教育に転換するためにどのような計画を立てているのかという質問が相次いだ。フェトゥッシ委員からは、特別学校を閉鎖してインクルーシブ教育に予算を配分する計画はあるのかという質問や、ドントフドルジ委員からは、合理的配慮は平等に受けられているのか、普通学校が障害児の就学を拒否できないようにするための法制度を創る計画はあるのか、就学前に保護者にインクルーシブ教育について啓発する用意

はあるのかという質問がなされた。これらに対する文科省からの回答はなかった。

　文科省からは、知的障害の児童生徒が特別支援学校を選んでいるので分離教育は廃止できないという開き直りのようなものが見える。日本は通級指導で「インクルーシブ教育」を勧めていく、でも知的障害児は別であるという強い姿勢がうかがえる。

　これは、現在の普通教育の在り方を変えないという姿勢の表明のようにも思える。高校入試や大学入試で知的障害児者は実質的に普通校から排除される。入試で行われている知識記憶重視の学力考査を知的障害ゆえにクリアできないからである。大阪府や東京都のように定員内不合格を出さない取り組みを進めている自治体では、知的障害生徒が普通高校に在籍して障害のない生徒と一緒に授業を受けている。海外でもインクルーシブ教育を勧めている国では、義務教育年限を伸ばして高校を義務教育にしたり、高校や大学の選抜制度や評価基準を改革して知的障害者が学べるような改革を行っている [11]。また、知的障害児や共通語を修得していない移民の子、学力差のある子どもたちなどが同じ教室に在籍することを当たり前に捉えている国では、一緒に学ぶための授業の在り方の改革を行っている。そのうえで、知的障害児には合理的配慮の一つであるモディフィケーションに取り組んでおり [12]、教材を変更したり評価基準や達成課題を変更・調整することで、小・中学校はもとより高校や大学段階でも子どもたちを分離せずに同じ教室で一緒に学ぶインクルーシブ教育を行っている。日本にも、大阪府豊中市や兵庫県芦屋市など、知的障害の子どもが普通学級で学ぶ取り組みは存在する。山田課長は、今後も合理的配慮に取り組むと言っているが、モディフィケーションのことは念頭にないようである。現在の学力に偏重している競争的な普通学校の方向性を変えないという意思の顕れであろうか。知的障害のある子が特別支援学校を選ぶ/選ばされているのは、あきらかに制度の欠陥であるのに、本人たちの責任に帰されている。

　④「分離は差別」ではなく「分離すれども平等」の立場に固持する日本
　　政府
「分離は差別」という法原理は、アメリカ合衆国において1954年のブラ

ウン対教育委員会裁判で採用されたものである。それまでは「分離すれど
も平等（Separate but equal）」という1896年に出されたプレッシー対ファ
ーガソン裁判の最高裁判決で確認された法原理のもと人種差別政策が正当
化され、子どもたちは肌の色で分離された学校に通っていた。ブラウン判
決はこれを覆し、子どもの属性により教育の場を分離することは差別であ
るとする法原理を勝ち取った。1954年5月17日に、「我々は、公教育の場
における"分離すれども平等"の原則は成立しないものと結論する。教育
施設を分離させる別学自体が本質的に不平等だからである」という歴史的
な一文が読み上げられた (13)。

　この原理は人種差別撤廃条約にも反映され、人種や性別、障害などの属
性を理由に人は分離されないことは国際基準になっている。そのような中、
日本政府は「分離すれども平等」であるという認識をこの21世紀の時代に
国連において堂々と語った。

　「厚生労働省です。貴重な機会ですので、少し対話をお許しください。
日本には桜という花があります。審査委員のみなさまご存じでしょうか。
日本の公園、小学校、中学校、街路樹、いろいろなところで4月になると
満開になります。日本の人はピクニックもいたします。日本の文化、日本
の花としての桜です。これを施設に入所している方は楽しんでいると思い
ますでしょうか。それはどこで楽しんでいるのか。日本の施設というのは
高い塀や鉄の扉で囲まれたものではございません。施設の人々は、昼と夜
の生活する場を異ならせるという政策を15年前から積極的に進めてきまし
た。こういう中で、この桜というものを施設の外であるとかもしくはその
中で楽しみ、そしてピクニックをするというような方もいらっしゃいま
す。」

　施設に住んでいても、地域社会に住んでいても、花見を楽しんでいるの
で平等ではないか、「分離すれども平等」だという論である。各国が、国
際社会が、人権という名のもとこの考えを必死に払しょくしてきた歴史の
入り口にも日本はまだ到達していないことがここで露呈された。文科省も
同じ考えなのであろう。特別支援学校であろうと普通学校であろうと同様
の教育が受けられるならばそれは平等であるという考えである。人権とい
う概念が全く理解されていないのである。分離は差別であることを人権条
約は謳っている。日本政府はこれを理解しようとしないため、分離して手

厚くする教育政策が脈々と続いているのである。

3　総括所見の内容と日本の課題

　2022年9月9日に総括所見暫定版が、10月7日に確定版が公表された（CRPD/C/JPN/CO/1）。日本の第一回総括所見は全75パラグラフ、全18ページと膨大かつ詳細で、条約1–33条まですべての条文に対して「懸念」と「勧告」が示されており、脱施設やインクルーシブ教育をはじめ、障害者政策の根本的な転換を迫る政府にとって非常に厳しいものであった。一方、障害者差別解消法、バリアフリー法改正など、肯定的側面も押さえられていた。

　総括所見は、序論、肯定的側面、主な懸念事項と勧告、追加的重要事項（フォローアップ）に分かれている。主な懸念事項と勧告の章で、条約24条のインクルーシブ教育に関しては6点の懸念と勧告が出されている（パラグラフ51、52）。それらを読むと目指すべき方向性が明確であり、また行うべき措置が具体的に書かれており、日本がインクルーシブ教育への転換するための方策を具体的に示してくれている。24条以外にもインクルーシブ教育に関係する勧告は多く、特に、医学モデル・パターナリズムから人権モデルへの転換は学校教育を問い直すための根本的な課題である。さらに、追加的重要事項（フォローアップ）の中に、脱施設（精神病院も含む）とインクルーシブ教育が指摘されており、インクルーシブ教育は数ある勧告の中でも日本が喫緊に取り組むべき重要課題として重要視されている。国別報告官のヨナス・ラスカスさんはこの二点は繋がった分野であり、「子ども時代の分離は、分断した社会を生み出す」「インクルーシブ教育はインクルーシブ社会の礎」など、講演会等で何度も話されていた。学校においても社会においても「分離すれども平等」の立場をとる日本への根本的かつ痛烈な批判と勧告である。2028年までに次回の報告を提出するよう政府に要請されていることからも、あと5年という短い期間での着実な改革が期待されている。
インクルーシブ教育に関する総括所見の懸念と勧告は以下9点である。

　（1）分離教育を中止してインクルーシブ教育に移行する国家計画を策定すること

　懸念では、障害児も分離教育が永続しており、その原因は医学モデルによる評価であるとしてる。特に知的障害や重度障害の子どもがインクルーシブ教育を受けられなくなっており、また、特別支援学級の存在がインクルーシブ教育の妨げになっていると指摘している。勧告は、現行の分離教育である特別支援教育を中止するようにという厳しいものである。注目すべきは「あらゆる教育段階で」とあるので、就学前から義務教育はもちろん、高校、大学も含めて改革を要求しており、これは特別支援教育だけでなく学校教育政策全体に対して政策転換を迫る勧告であると捉えられる。ただ、急に中止にするのではなく、徐々にインクルーシブ教育に移行できるような、目標や予算、時間枠の伴った具体的な国家計画（ロードマップ）を策定することを求めている。

＜懸念＞パラグラフ51（a）

　「医療に基づくアセスメントによって、障害のある子どもを分離する特別教育が永続していること。これによって障害のある子ども、特に知的または心理社会的障害のある子ども（注：精神障害児）、および、より多くの支援を必要とする子ども（注：重度障害児）が通常の環境での教育を受けられなくなっている。同様に、普通学校における特別学級の存在も分離特別教育を永続させていること。」

＜勧告＞パラグラフ52（b）

　「分離特別教育廃止を目的とする国の教育政策、法律および行政的取り決 めによって、障害のある子どものインクルーシブ教育の権利を認めること。また、すべての障害のある子どもに対して、あらゆる教育段階で合理的配慮および必要とする個別の支援を提供することを保障すること。そのために、具体的な目標、時間枠および十分な予算を設定した質の高いインクルーシブ教育についての国の行動計画を採用すること。」

　（２）普通学校が障害児の就学を拒否できない法令を策定すること/特別支援学級の障害児が週半分以上普通学級で学べない文科省４月27日通知を撤廃すること

　パラレルレポートで、医療的ケアを要する光菅和希さんが小学校の普通学級を希望したのに拒否された川崎地方裁判所判決（2020年）や、同様に普通学級を希望したのに教育委員会に拒否されたり特別支援学校を執拗に

勧められたという経験のある保護者や本人の手記を掲載した成果であろう、学校が障害児の就学を拒否できない法制を策定することが勧告された。英国や韓国にも同様の法令が存在する。これはすぐにでも文科省に全国の教育委員会に通知を出すなどして実施してほしいものである。

また、2022年4月27日に出された特別支援学級在籍児童生徒は週の半数以上の時間を特別支援学級で学ぶとする文科省通知は、特に原学級保障を行っている関西地域の学校に衝撃を与え、大阪の親子が大阪弁護士会にこの通知は人権侵害であると人権救済申請を求めている。この通知は分離教育を強化するものであるので撤廃することが勧告された。これも即時に実施すべきものである。

＜懸念＞パラグラフ51（b）

「受入体制の事実上の不備によって、障害のある子どもの普通学校への就学を拒否していること。特別学級の子どもが、半分以上の時間を普通学級で過ごすべきでないことを示す文部科学省の通知が2022年に出されたこと。」

＜勧告＞パラグラフ52（b）

「すべての障害のある子どものための普通学校へのアクセシビリティを保障し、普通学校が障害児の就学を拒否できないことを明確にする「就学拒否禁止」（non-rejection）の条項および政策を立てること。

また、特別学級に関する文部科学省通知を撤回すること。」

（3）合理的配慮が不十分であるので、確実に保障すること。

建設的対話でも権利委員から質問されていたが、合理的配慮が十分に行われれば特別支援学校を選ばなくても良いはずであり、特別支援学校を選ぶ子どもも減少するはずである。ここには知的障害児童生徒が障害のない子どもと一緒に学ぶ授業内の合理的配慮（前述のモディフィケーション）も含まれている。合理的配慮を完全に保障することでインクルーシブ教育を推進するよう求められた。

＜懸念＞

「障害のある子どもへの合理的配慮の提供が不充分であること。」パラグラフ51（c）

＜勧告＞1

「障害のある子どもの個別の教育上の必要を満たし、インクルーシブ教育を確実にするために合理的配慮を保障すること。」パラグラフ52（c）

（4）普通学校の教職員のインクルーシブ教育のスキルが欠如し否定的な態度をもっているので、インクルーシブ教育と人権モデルの研修を実施すること

　これは、障害のある子どもが普通学級に在籍していても、障害のある子どもの存在を特別視したり、環境を変えようとせずに本人に努力を強いるなど、インクルージョンではなくインテグレーションになっていたり、結果として特別支援学級や特別支援学校を「本人のため」と称して教員が勧めるなどの実態をもとに出された勧告であると思われる。教職員にインクルーシブ教育と人権モデルの知識と技術が不足していることから、それらの研修を求めている。現行では教員は医学モデルの特別支援教育の研修を多く受けているので、研修の内容の転換が求められていると言える。
<懸念>
「普通教育を担う教員のインクルーシブ教育に関するスキルが欠如していること、およびインクルーシブ教育に対して否定的な態度を示していること。」パラグラフ51（d）
<勧告>
「普通教育を担う教員およびインクルーシブ教育に関わる教員以外のスタッフへの研修を確実に行い、障害の人権モデルについての意識を育てること。」パラグラフ52（d）

（5）普通学級において障害児童生徒のコミュニケーションの代替補強を保障すること。普通学級でろう文化を推進すること、盲ろう児のインクルーシブ教育を保障すること

　たとえば、手話や点字、Easy Readというテキストなどの「分かりやすい版」や「ルビふり版」など、聴覚障害者、視覚障害者と共に、知的障害者や発達障害者など、コミュニケーションに支援を要する児童生徒の情報を保障することが求められている。普通学級において全盲児童生徒に点字を導入した事例は全国に散見される。筆者も、昨年、大阪府豊中市の小学校を見学した際に、全盲児童のみではなく、クラス全員の子どもが点字を

打ち読めるという取り組みを拝見した。ろう文化を学校で推進すること
は,ろう児のアイデンティティの形成に有効であろう。手話通訳などの情
報保障は合理的配慮ではなくユニバーサルデザインであるとする考えが全
国に広がっており、本人からの申し出がなくても手話通訳は常に配置され
ているというイベントも増えている。学校もここを目指すことが求められ
るのであろう。Easy Read については、筆者はカナダのブリティッシュ・
コロンビア州を視察した際に Easy Read バージョンの教科書を知ったが、
日本でも兵庫県芦屋市の小中学校で、アシスト教材と呼ばれる教科書を簡
易な表現にした補助教材を使用して、知的障害のある子どもが普通学級で
障害のない子どもと一緒に学習をしている取り組みを視察した。参考にで
きる取り組みは全国に存在する。

＜懸念＞
「普通学校において代替的かつ補強的なコミュニケーションおよび情報伝
達手段（聴覚障害児のための手話言語教育や、盲ろう児のためのインクル
ーシブ教育などを含む）が欠如していること。」パラグラフ51（e）

＜勧告＞
「普通教育の環境において、補強的かつ代替的なコミュニケーション方法
（点字、読みやすく改編したもの（Easy Read）、聴覚障害児のための手話
言語教育を含む）を保障すること。また、インクルーシブ教育の環境にお
いて、ろう文化を推進すること。盲ろう児がインクルーシブ教育にアクセ
スできるようにすること。」パラグラフ52（e）

（6）高等教育において障害学生が障壁に対処する国家政策を策定す
ること。これには知的障害生徒も含まれる。受験制度により高等教育の機
会を奪われている知的障害生徒等も含んだ包括的な国の政策を策定するこ
と

＜懸念＞
「高等教育段階（大学入試および学修プロセスを含む）における障害学生
にとっての障壁に対処する包括的な国の政策が欠如していること。」パラ
グラフ51（f）

＜勧告＞
「高等教育段階（大学入試や学修プロセスを含む）における障害学生の障

壁に対処する包括的な国の政策を進めること」

（7）医学モデルの法令や規則を見直すこと

　障害児に係る学校教育の法令で医学モデルなのは、まずは学校教育法施行令22条の3が挙げられる。この表を参考にして就学指導が行われるため、障害の重い子どもは特別支援学校、軽い子どもは普通学級や特別支援学級という障害の種類や程度に応じて学ぶ場を「適切」とする価値観が転換されていない。さらに、特別支援学校や特別支援学級の目標が記載されている学校教育法72条と81条では、「障害による学習上又は生活上の困難を克服するための教育を行うために必要な知識技能を授ける」とされている。これは明らかに医学モデルであり、個人にその努力を求めているために分離教育が必要になる。カリキュラムの一つである自立活動も、障害児に障害を克服して一人で物事をできるようになることを求めている医学モデルのものである。他にもあるが、まずはこれらの法令を人権モデルに基づいて改正あるいは削除することが喫緊の課題である。

＜懸念＞

7（b）障害者資格・認定制度を含む、法律、規制、実践に渡る障害の医学的モデルの永続化。これは、障害と能力評価に基づいて、より集中的な支援を必要とする人、知的、心理社会的、感覚障害者を障害者手当や社会参加制度から排除することを促進するものである。

＜勧告＞

8（b）障害の有無にかかわらず、全ての障害者が平等な機会、完全な社会参加に必要な支援を地域社会で受けられるように、障害者資格・認定制度を含む障害に関する医学モデルの要素を排除するために、法律および規則を見直すこと。

（8）インクルージョン、インクルーシブなどの言葉を正確に捉えて政策に用いること

　建設的対話で権利委員と文科省の対話が成り立たなかったのは、これが根本原因である。文科省は「インクルーシブ教育システム」に分離教育を含めている定義しているため、分離教育は条約違反なのでなくそうとする権利委員と存続させようとする文科省とで話がかみ合わなかった。分離教

育があるということは、障害を医学モデルでとらえることなので、人権モデルについても回答ができなかった。文科省はここを修正しないと条約を遵守できないことを知っていながら、特別支援学校を存続させるために意図的に捻じ曲げて定義をしていると考える。ここを変えることが根本的な課題である。

＜懸念＞

7（d）条約の日本語訳、特に、インクルージョン、インクルーシブ、コミュニケーション、アクセシビリティ、アクセス、特定の生活様式、パーソナルアシスタンス、ハビリテーションの用語が不正確である。

＜勧告＞

8（d）条約の全ての条項が正確に日本語に翻訳されていることを確認すること。

　（9）津久井やまゆり園事件で顕在化した優生思想と能力主義が社会に広まっている事実を見据え、それに学校教育が寄与していないか、反省的に検討すること

　事件を一人の「異常な」人間の犯行と捉えるのではなく、事件発生当時SNS上に犯人を支持する声が多く上がったことからも、社会全体に障害者を価値無きものとする優生思想と能力主義的な価値観が広がっている事実を確認し対策を講じることが求められている。

＜懸念＞

9（b）2016年に相模原市の津久井やまゆり園で発生した刺傷事件への包括的な対応の欠如は、主に社会における優生思想や能力主義の考え方に起因している。

＜勧告＞

10（b）優生思想や能力主義的な考え方と、そのような考え方を社会に広めたことに対する法的責任との闘いを目指して津久井やまゆり園事件を検討すること。

おわりに

　総括所見暫定版が公開されたわずか４日後に、永岡桂子文科相は定例会見で、「特別支援教育を中止することは考えていない」と答弁した 。文科

省としては、勧告を忠実に実施して条約を遵守しようとは考えていないようである。これは明らかに条約法に関するウイーン条約26条違反であるし、憲法98条第2項違反である 。

　総括所見は非常によくできていて、その項目を組みあわせるだけで、インクルーシブ教育に移行するための国家計画（ロードマップ）が完成する。それを表したのが、図2である。これをさらに充実し、改革を推し進めていくための具体的な筋道を国に提示したいと考えている。

　オーストラリアの元首相であるHelen Clarkさんは、「インクルーシブ教育の利点を議論することは、奴隷制の廃止やアパルトヘイトの賛否を問うことと同等である」と述べている 。日本はいまだ、19世紀アメリカ合衆国の「分離すれども平等」の法原理の時代に留まっている。海外の国を見ると、学校教育は多様な人が同じ教室で学ぶインクルーシブ教育が前提になっている。国は重い腰を上げようとせず制度整備をしないが、現場では「するか、しないか」ではなく、「どうやってするか」を模索し始めている。勧告を実施するよう政府や文科省に迫る取り組みと共に、インクルーシブ教育に取り組んでいる好事例を集めて足元からコツコツと実践していきたい。

勧告に基づいたロードマップ（試案）
「インクルーシブ教育に移行するための、具体的な達成目標、期間、予算、国家行動計画」(52a)

短期　本人・保護者が安心して普通学級を選ぶことができるための改革
・4.27通知の撤回　・学校が障害児の就学を拒否できない法整備　※幼保、小・中、希望者全入　※就学相談の改革　※高校の定員内不合格の禁止

中期　障害児が安心して学び、生活できる普通学級改革
・インクルーシブ教育への法改正（医学モデルから人権モデルへ）・合理的配慮の保障（国家予算化）・人権モデルの教職員研修　※普通学級の体制整備（含：教員配置）　※高校、大学入試改革　※インクルーシブ教育モデル校の設置

長期　インクルーシブ教育への移行・実現
（特別支援学校、特別支援学級の段階的改編・縮小・廃止）

注
（1）「日本国が締結した条約及び確立された国際法規は、これを誠実に遵守することを必要とする」（日本国憲法98条第2項）、「効力を有するすべての条約は、当事国を拘束し、当事国は、これらの条約を誠実に履行

しなければならない」（条約法に関するウィーン条約26条）
（２）障害者権利条約第35条「締約国の報告」
　　１ 各締約国は、この条約に基づく義務を履行するためにとった措置及びこの措置によりもたらされた進捗に関する包括的な報告を、この条約が自国について効力を生じた後2年以内に、国際連合事務総長を通じて委員会に提出する。
　　２ その後は、締約国は、少なくとも4年ごとに及び委員会が要請するときはいつでも、後続の報告を提出する。
　　同第36条　報告の検討
　　１ 各報告は、委員会が検討する。委員会は、当該報告について、適切と認める提案及び一般的な性格を有する勧告を行うものとし、これらの提案及び勧告を関係締約国に送付する。当該締約国は、自国が選択する情報を提供することにより、委員会に回答することができる。委員会は、この条約の実施に関連する追加の情報を締約国に要請することができる。
（３）NHK解説委員室「障害者権利条約 日本 初の国連審査」の竹内哲哉 解説委員の図を基に作成（絵：平田江津子）。
　　https://www.nhk.or.jp/kaisetsu-blog/300/472465.html（2022年9月20日閲覧）
（４）詳しくは以下の文献を参照。一木玲子「国連は、どうして特別支援教育中止を勧告したのか〜障害者権利条約第一回審査と総括所見から〜」『福祉労働173号』現代書館（2022年）
（５）障害者権利条約第34条
（６）ヴィクトリア・リー（国際障害同盟（IDA））JDF全国フォーラム基調講演「障害者権利条約の批准と締約国の責務について」（2013年12月4日）
（７）ジョン マクレー（著), John McRae（原名), 長瀬 修（翻訳）「世界を変える知的障害者:ロバート・マーティンの軌跡」（現代書館、2016）に生い立ちなどが書かれている。
（８）障害者権利委員会「インクルーシブ教育を受ける権利に関する 一般的意見4号」パラグラフ11
　　https://www.dinf.ne.jp/doc/japanese/rights/rightafter/crpd_gc4_2016_inclusive_education.html
（９）一木玲子「障害者権利条約一般的意見第4号『わかりやすい版』を翻訳！」『季刊福祉労働171号』（2021、現代書館）　インクルーシブ教育情報室翻訳
（10）特別支援教育資料(令和2年度) P47
　　https://www.mext.go.jp/content/20211014-mxt_tokubetu01-
（11）ゆたかカレッジ「海外の知的障害者の高等教育の状況」で海外の大学での知的障害者受け入れの動向を紹介している。
　　https://yutaka-college.com/oversea/
（12）一木玲子他『分けないから普通学級のない学校ーカナダBC州のイン

　　クルーシブ教育』アドバンテージサーバー（2015）
(13)　ジェイムズ・T. パターソン 著、籾岡宏成訳「ブラウン判決の遺産─
　　アメリカ公民権運動と教育制度の歴史」（2010、慶應義塾大学出版会）
(14)　「『障害ある子を分離、人権侵害』大阪の親子が人権救済を申し立て」
　　2022年11月3日
　　　https://www.asahi.com/articles/ASQB05VY7QB0PTIL00L.html
(15)　永岡桂子文部科学大臣記者会見録（令和4年9月13日）
　　　https://www.mext.go.jp/b_menu/daijin/detail/mext_00300.html
(16)　注（2）参照
　UNESCO2020,　GLOBAL EDUCATION MONITORING REPORT,
　「Inclusion and education:ALL MEANS ALL」p.Ⅴ,

特集：特別支援教育中止勧告の衝撃と学校改革

国連障害者権利条約の対日勧告と「4. 27交流教育制限通知」の問題点——文科省通知による個々の子どもたちのカリキュラムの変更は可能か？

田口　康明

1　コロナ禍のなか、思考停止する学校

　コロナ禍の学校は、2023年で足かけ3年目となる。これまで、読み込む時間もないほど大量の対処指針・方針・ガイドラインなどが文科省などから出され、その都度対応を検討せざるをえない状況にあった。ようは学校現場が振り回され、政府は振り回してきたのである。

　例えば、政府はこれまで、新型コロナ対策の基本的対処方針で「飲食はなるべく少人数で黙食を基本とする」などと明記していたが、2022年11月25日の変更でこの記述が削除された。これをもって、文部科学省は同29日、給食の時の過ごし方などについての通知を全国の教育委員会などに出し、基本的対処方針の変更について説明するとともに、文部科学省のマニュアルでも必ずしも「黙食」を求めていないことを改めて伝え、「座席配置の工夫や適切な換気の確保などの措置を講じた上で、給食の時間において、児童生徒などの間で会話を行うことも可能」などとし、地域の実情に応じた対応を求めた。

　給食中の児童生徒間の会話が可能になったのであるが、考えてみれば、こうしたことは元来、各学校において考えればよいことである。法的には指導助言の権限しか持たない文科省の発信を金科玉条のごとくとらえ、一ミリのずれも許さずにそれを履行しようとする構えは、2020年2月末の安倍首相（当時）による「全国一斉休校要請」を起点として、一挙に全国に広まった。その後も、「保健衛生上の点から」、「医学的な見地に基づき」、「公衆衛生の観点から」などの枕詞を冠してさまざまな「指針」を政府は発し続け、現場はそれにいちいち応じる態勢が続いている。まさにフーコーのいう「生権力」を背景として、学校現場そのものを「規律訓練」し、さらに子どもたちを「規律訓練」する状態となってい

る。子どもたちや保護者は「見事に」それに応え、さまざまな生活規制を受け入れて日常生活を過ごしている。不登校の万単位での増加はその息苦しさの表れである。アルベルト・カミュが『ペスト』で描いたように、城郭都市の中で感染が拡大するペストにふり回され、市民が一元的な方向での思考しかできなくなっていく状況が起きている。

　現場が自治・自律の思考・姿勢を失いつつある中で、「状況」を見透かしたように、いわゆる「4．27交流教育制限通知」が出された。コロナ禍も小康状態となり、ようやく落ち着きを取り戻しつつある中、また新学年も始まり、さて連休後にもう一度仕切り直し、という時期に学校を混乱させる「悪意」すら感じさせるタイミングでの通知発出である。

　この通知で文科省は、支援学級に在籍する子どもは原則として週の授業の半分以上を支援学級で受けるよう求めた。文科省はこれまで国会等でも繰り返し述べてきた「交流教育の時数制限は行っていない」という姿勢を「改め」たのである。通知は「支援学級の児童生徒が大半の時間を通常学級で学び、障害の特性などに応じた指導を十分に受けていない事例がある」と指摘し [1]、そうした児童生徒は「通級による指導」に切り替えるべきだと断じた。曲がりなりにも「個々の障害特性」に応じた教育を標榜した「特別支援教育」であるはずが、「一律の規制」という「特別支援教育」の原則にすら反する通知内容である。むしろ「分離」を前提とする「特別支援教育」が、その本質をむき出しにして、子どもたちに襲いかかっているというべきなのであろう。

　共生共学の理念を進めてきた大阪府内においても、例えば枚方市のように5月、市立小の支援学級に在籍する児童の保護者らに来年度から通知に沿った新方針を実施すると通告した自治体もある。「このまま支援学級に在籍して週の半分以上を目安に支援学級で学ぶか、通常学級に在籍して障害に応じた指導を受ける「通級指導教室」を利用するかを、1学期末の懇談で学校側と話し合うよう求めた。……しかし保護者らの反対を受けた市教委は10月、来年度からの新方針の一斉導入を見送ると発表。検討会を設置して今後の対応を決めるとしている。……市教委の対応に、枚方市の教員は「教員側も混乱している。子どもたちがどうなるのかが不安だ」と訴える。一部の保護者は同月、通知は障害がある子を「分離」する人権侵害だとして大阪弁護士会に人権救済を申し立て、通知や新方針の撤回を求

めた。」（熊本日日新聞11／8）という状態になっている。

　まさにこの通知の問題は、「分離教育の是非」以前に、状況を無視して一律に子どもの教育を規制しようとする「人権感覚のなさ」であり、さらには、子どもや保護者は教育の客体であって「される」存在でしかなく、権利主体にはほど遠いという、教育への文科省の「見方・考え方」の表出である。そこにこそこの問題の中核がある。

2　国連からの勧告

　こうした状況について、2023年9月9日に出された、国連障害者権利委員会から日本政府への勧告が出された。勧告ではあるが、「建設的対話」称されている。

【勧告の重大点】

特別支援教育へ・長期間、教育への関われない子どもがいること、分けられた状態が続いていることへ懸念

・障害児を分離した特別支援教育の中止を勧告　4.27通知の撤回

・障害の有無にかかわらずともに学ぶ「インクルーシブ教育」を実現するための国の行動計画・移行計画を策定する

・障害児の通常学校への就学を拒む「拒否権」の拒否

精神科医療へ・精神科の強制入院を可能とする法的規定の廃止

・長期・大量の入院、入所施設から地域社会での生活に移行できるよう政府予算の振り替え

　＊上記は筆者の観点。交通や情報へのアクセスビリティの向上などは高く評価されている。精神科医療については、厚労省の委員会へ回答が「塀の中からでも自由に花見ができる」と述べ、失笑と怒りをかっていた。

　ここで出されたように、要点は、日本で行われている特別支援教育はインクルーシブ教育ではなく「分離した教育」であると断じ、「特別支援教育の中止」を要請したことである。さらには、前出「4.27通知」の撤回、本人保護者が希望する学校への入学拒否の禁止、教員へのインクルー

シブ教育研修の実施、分離教育からインクルーシブ教育への移行計画の策定が勧告された。

特に画期的であるのは、4月に出された文科省の通知について、8月の建設的対話（対日審査）において、権利委員会が素早く反応した点である。8月の対日審査には、ジュネーブの国連本部へ、他国に比べ異例の規模となる100人以上の障害者当事者や家族らが日本から現地に渡航。権利委メンバーへに課題を伝え（いわゆるロビー活動）、多くの情報提供がなされた。その中で、「4．27通知」も大きなテーマとなった。建設的対話後、日本政府代表の一員であった山田特別支援教育課長がこの話題が出たことに対してしきりに不思議がっていた。市民団体による現地でのロビー活動等によるものである。

事前に各権利委員が日本政府の報告と市民団体のパラレルレポートを丁寧に読み込んで、「建設的対話」に臨んでいた。傍聴していた筆者は、そこでの文科省だけでなく厚労省・内閣府らの欺瞞に満ちた「答弁」について失笑を通り越して、恥じ入るばかりであった。今回の審査報告書作成に係わり、「建設的対話」を締めくくる最後の発言をおこなった韓国のキム委員が、そこで「韓国は国際障害者年（1981年）を契機として障害者の処遇改善に努めてきた、その際に日本からたくさんのことを学んできた、日本にはアジアのリーダーであってほしい」という旨が涙ぐみながらなされた（筆者による英語字幕の読み取りで正確ではない）。ちなみに韓国では2008年障害者差別禁止法施行以後、急速に障害者差別へのとりくみが進んでいる。

これに対し、文科省は「勧告を受け入れない」という姿勢を9月13日の大臣記者会見において明確にした。国連中心外交を標榜しながら国連の人権委員会からの勧告は一切無視するという日本政府の態度は、子どもの権利条約、男女差別撤廃条約、自由権規約などへの対日審査への対応から「当然」であるが、批准後初めての対日審査であった国連障害者権利条約（CRPD）に対してもそうであることは、「当然」であると思いつつもやはり残念でならない。

3　教育行政の独善

日本近代以降の伝統である「行政独善」を踏まえ、教育行政分野でも

「独善」は発揮されている。その特徴的なものは「教育内容」に係わる分野で、省令に基づく「告示」に過ぎない学習指導要領が、法的拘束力を持つ「教育内容の国家的基準」とされている。これは政治的な意思決定に関する権威付けをまったく持たない「官僚の作文」であるが、教員処分を伴う「指導助言」「訓示的規定」とされている。

また文部科学省から発出される「通知」は、一般的には「局長通知」が多く、これも「指導助言」「技術的基準」の域を出ない「法令」のレベルでは最下位に位置するものに過ぎないが、今回のコロナ禍で示されたように、さまざまなレベルで絶対的基準となっている。「法律主義」の名目のもとで、実質的には官僚による「権威主義的独裁」となっている。

「4.27交流教育制限通知」とよばれる通知についても、本来個々の子どもの状態・特性を考慮して編成されてきたカリキュラムを全国一律に規制しようとする「方針転換」が「通知」され、全国的に波紋が広がっている。

ここで問題としたいのは、教育行政の独善である。元来, 日本ではドイツの官房学の伝統を引きずった形での行政の伝統が存在する。いささか古いのではあるが、『広辞苑（第2版）』（1969年「官房学」は、以下のように定義されている。

　　（Kameralismus ドイツ）16〜18世紀にドイツに起った国家収入獲得に関する学術。今日の財政学の源流をなす。広義には、財政学は勿論、国民経済政策、すなわち当時の君主の財源たる鉱山・工場・田畑・森林・商業経営の知識をも包含。

16〜18世紀、オランダ・イギリス・フランスでは、いわゆる「絶対王制国家」であり、統一国家と統一市場が確立されていた。そこでは貿易収支を黒字化する重商主義がとられていた。ドイツでは統一国家がなく，大小多くの領邦に分裂しており、ほとんどが完全な農業国で、「富国化」するためには、商業だけでなくさまざまな学術的，文化的知見が求められた。そこで上記のような幅広い学問が成立していく。

そしてこの「官房学」は、国家統治のための技術であり、これが分野でいえば「行政」であり、「行政学」へつながっていく。ローレンツ・フォ

ン・シュタイン（Lorenz von Stein、1815－1890）は、ドイツの法学者・思想家であり、フランス初期社会主義・共産主義思想、並びにプロレタリアート概念をドイツにおいて、初めて学術的にまとまった形で紹介した。伊藤博文にドイツ式の立憲体制をすすめて、大日本帝国憲法の骨格を示した人物である。

　1882年に憲法研究のためにヨーロッパを訪れていた伊藤博文は、ウィーンにシュタインを訪問して2ヶ月間にわたってシュタイン宅で国家学の講義を受けた。その際、日本が採るべき立憲体制について尋ねたところ、プロイセン（ドイツ）式の憲法を薦めた。ただ、シュタイン自身はドイツの体制には批判的であり、日本の国情・歴史を分析した上で敢えてドイツ憲法を薦めている。(2)

　シュタイン研究の第一人者である柴田隆行氏の『シュタインの自治理論　後期ローレンツ・フォン・シュタインの社会と国家』（2014年、御茶の水書房）のはじめにの部分では以下のように記されている。

　　シュティンにとって国家の自我は国家元首つまり君主であるが、国家の意志を決めるのは憲政（議会）であり、国家意志を実現するのは行政である。国家の実体は実質的に言って憲政と行政となるが、憲政を担うのは議員、行政を担うのは官僚や役人である、というわけではない。

　　シュタインが国家学体系を構築する際つねに念頭に置いているのは、諸々の個人の人格的発展である。諸個人の人格態の自由な発展のために国家は存在するのであり、国家のために諸個人が存在するのではない。憲政と行政は諸個人の人格的発展のために存在するのであり、その根底にあるのは人格態の自由でなければならない。それゆえに、シュタインの国家学においては統治よりも自治、官治よりも自治が重視される。しかしながら、自治の担い手であるべき諸個人は、現実には利害関心とそこから生ずる占有状態に左右されることにより、社会的階級対立が生じうる。この社会的矛盾を解決するため国家が……。これではまさに循環論である。シュタインはこの循環論を脱却できたのだろうか。もしできたとしたならば、それはどのようにしてであろうか。ナチズムは崩壊しても、その後の世界は国家の官僚制

化がいっそう進み、二一世紀に入ってその勢いは衰えるどころか増すばかりである。住民・市民の自治が国家の本質となるような時代は来るのだろうか。本研究の目標はまさにこうした問題の解決にある。そもそも国家は人殺しと他人の財産奪取を合法的に行う暴力装置以上でも以下でもない、という議論も根強い。こうした国家論からすれば、シュタインの国家論はロマンチックな夢にすぎないであろう。だが、国家を合法的暴力装置と規定したところで、現実の社会生活と密着した具体的な国家機構を解明し尽くすことはできないと思われる。シュタインの国家学が、憲政論ではなく行政理論として展開された理由はここにある。（同書、iii〜v）

21世紀に至っても「諸個人」の「利害関心」による「社会的階級対立」を調整する国家が、個々人の欲求を生み出し人格によって左右され、そこから個別の利害が生じ一致することができない。ルソーであれば「特殊意思」と「一般意思」の統一がなされるはずの政治的公民の形成ができない、ということになる。さらに続く。

　わが国では、シュタインは伊藤博文や黒田清隆ら明治期の学者・政治家等に憲法や行政を教えた人として知られ、…中略…本書は後期シュタィンの学的諸業績を主たる研究対象とするが、そこから深められるべき自治理論や国家学は奥が深い。とりわけ「自治」概念は外延が広く、議論の対象を広げれば止めどがなくなる。シュタインとの関係に限定しても、＜自由と共同＞を一体的に実現するはずの社会主義の問題があり、研究課題としてとくに教育と警察は興味深い。…中略…喜安朗氏や菊池良生氏による新書版ながら内容の濃い概説書などが公刊されている。これらの研究成果から学びつつ＜統治と自治＞についてさらに考察を深めたい。とくに自治体警察の考察は自治理論に欠かせない。シュタインも警察理論を書いており、この問題を避けて通るわけには行かない。ポリツァイについてはヘーゲルの法哲学をもとにポリツィとコルポラツィオーンとの関係も「福祉」と絡めてさらに深く問わなければならない。…中略…グローバル化という名のもとに国際企業の圧倒的な支配下に置かれるアメリカで自治体の内部崩壊が

深刻化しており、日本でも時間の問題と言われている。東日本大震災大津波による市町村の壊滅的被害から立ち直るべく新たな共同体のあり方が求められている。…以下、略…（同前）

　「統治」の問題に触れれば、「教育と警察」にふれざるを得ないという指摘は興味深い。「教育と警察」は、戦後の日本において、地方にあっては一般の統治である「知事部局」から切り離され独立した機構となっている。初期には「公選制」に合議体の執行機関であったが、政治的中立性などを名目としながら、「任命制」による官僚委任の度を深めた。内部的な「独善」を深めるスパイラルを生み出す構造となっている。
　「官房学」に話を戻せば、伝統的に内室としても、統治の機構としても存在する「王室」、つまり国王を補佐・輔弼する部門として「官房」が拡大する。日本でも平安時代の古代天皇制の時期には、天皇に対して摂政・関白が内覧を担った。「内覧」（ないらん）は、摂政や関白などが、天皇に奏上する公文書を，奏上の前に内見し政務を代行すること，またはそれを行う者である。これを藤原氏が独占した。藤原家内部では財産・家内の管理権を受け継ぐものを「氏長者」（うじのちょうじゃ）とよび、官僚としては「内覧」となる。「内覧」は事実上、天皇の政治を掌握するもの、代理者、代行者、実施者であった。
　古代天皇と内覧の関係は、将軍と執権・老中（大老）、王権と官房（首相）、王・議会と内閣（首相）が対応する。英国的議会制民主主義でも首相the prime ministerが登場し、大臣（議員内閣制内閣制）の代表者として統治する。独仏の大陸諸国では、議会が脆弱な分より権限の強大な「宰相」が登場する。絶対王政期にこの構造が確立する。
　とりわけドイツでは、ドイツ帝国（1871-1918）期のReichskanzler（帝国書記長）がそのままの名称で、「帝国宰相」となり、ナチス期には、「ライヒ宰相」となる。Kanzler（カンツラー）には、女性名詞「Kanzlerin（カンツラリン）」という言葉がある。女性首相アンゲラ・メルケルAngela Dorothea Merkelは、連邦首相（Bundeskanzlerin）に敬称のフラウをつけてFrau Bundeskanzlerinと呼ばれていた。
　こう考えてくると、一般的な三権分立における「行政」の説明と実体的な「行政」は異なってみえる。むしろ三権分立をまとった、「擬制」とし

た「官房」が「行政」であり、「官房」そのものが「国家」である。

　大日本帝国憲法下では、主権を「総攬」したのが天皇で、それを「國務各大臣ハ天皇ヲ輔弼シ其ノ責ニ任ス。」(帝国憲法第5条)とし各大臣が「輔弼」した。王権＝天皇の元の内閣であり、それを支える立法府(帝国議会)と裁判所があったが、必ずしも三権の関係は明確ではなく、さらに「輔弼」は、戦時下で肥大する行政領域に応じて、戦時福祉国家の下、天皇の赤子としての平等・物資の効率的な分配を独占した。

　戦後は、形式的には三権分立に移行したが、事実上これは擬制であり、戦前の行政が解体されず残った。それにより、行政の肥大化＝福祉国家の進行という事態によって、他の二権を圧倒する資源と権限の保持している。そこで、日本ではほとんど二権が行政に追従している。

　さらに深刻な事態が生じている。肥大化する権力を持ちつつも、持っているが故になのかもしれないが、「あるべき姿」が見えてこない「行政学」の問題である。つまり、目指すべき姿がないまま「行政」がすすんでいる。そこでは、現状の是認をくり返すだけの「行政」の出現である。もちろん行政が独自の観点を持って政策志向を行えば、「政治」の役割がなくなる。しかしながら「意思決定は政治が、」という建前は圧倒的な量と分野に存在する行政領域を政治がカバーできるはずもなく、政治的意思決定を行う政治家ですら、行政(官僚)からリクルートせざるをえない状況となる

　行政の作為、不作為によって深刻な問題を生じていることがわかっていながら、止める機能を持たないという構造によって、「実存」論的な行政が、伝統的な官房学を擁護することになっている。

　教育行政の分野でも現状追認に終始することが多い。「あるものはある」という前提で、現状を変えるということがほとんどできない。現状変更に関しては「政治」の問題という構えである。委任立法を含めて行政権が立法権を圧倒しているにもかかわらず、決定権は立法府にあるような行政展開がほとんどである。そこで、文科省・教育委員会に関わる法律、条例・規則の運用論に終始し、これも循環論になっている。結局は、行政の裁量権を制約するものは何であり、どのような制度を構築することによって制約が可能となるのか。教育法学の立場から法解釈学を展開することによって現状打破を試みる方法もあるが、法解釈の正統性を争う結果とな

り、それ以上は出てこない。むしろ、法解釈にのることが諸権利の正統性を損なうことの方が多い。

　法律が教育の前提である限り、法律の枠内にとどまる。その際、政治的に（国会で）議論され、「改正」されない限り、法律に基づいて「執行」される。行政の「政治的中立性」によって無謬性とまでは行かなくてもこれに執行機関に過ぎない行政が反することはできない。せいぜい法律の解釈をめぐって議論するしかない。

　さらに教育課程のように、学習指導要領に見られるように広汎な行政委任を法律が認める限り、法律違反とはならない。法律が委任する限り、行政裁量の範囲内にある。国際的なスタンダードや規範を無視しても、それ自体で「法律違反」となることはなく、実効力を持ってしまう。

4　「4. 27交流教育時間制限通知」

　教育行政が教育内容に大きく踏み込む「通知」を発した。これを事例に行政裁量権について考える。問題となった「通知」は、「4文科初第375号／令和4年4月27日／文部科学省初等中等教育局長　伯井美徳（通知）特別支援学級及び通級による指導の適切な運用について」である。少し長い引用になるが本文を紹介する（以下）。

　　特別支援教育は、共生社会の形成に向けて、障害者の権利に関する条約に基づくインクルーシブ教育システムの理念を構築することを旨として行われることが重要です。また、インクルーシブ教育システムの理念の構築に向けては、障害のある子供と障害のない子供が可能な限り同じ場でともに学ぶことを追求するとともに、障害のある子供の自立と社会参加を見据え、一人一人の教育的ニーズに最も的確に応える指導を提供できるよう、多様で柔軟な仕組みを整備することが重要です。

　　これらを踏まえれば、小・中学校や特別支援学校等が行う、障害のある子供と障害のない子供、あるいは地域の障害のある人とが触れ合い、共に活動する「交流及び共同学習」が大きな意義を有することは言うまでもありません。また、障害者基本法においても、「国及び地方公共団体は、障害者である児童及び生徒と障害者でない児童及び生

徒との交流及び共同学習を積極的に進めることによって、その相互理解を促進しなければならない」とされているところです。

　このため、文部科学省は、小・中学校や特別支援学校等の学習指導要領等における交流及び共同学習に関する記載の充実及び教育委員会や学校に向けた参考資料である交流及び共同学習ガイドの改訂等を通して、交流及び共同学習を積極的に進めてきました。現在においては、一部の地域で取り組まれている、特別支援学校に在籍する児童生徒と居住する地域の学校との積極的な交流等についても、より重要性が増していると考えております。

　また、交流及び共同学習には、相互の触れ合いを通じて豊かな人間性を育むことを目的とする「交流」の側面と、教科等のねらいの達成を目的とする「共同学習」の側面があり、この二つの側面を分かちがたいものとして捉えて推進していく必要があるという、基本的な考え方も併せて示してきたところです。

　しかしながら、文部科学省が令和3年度に一部の自治体を対象に実施した調査において、特別支援学級に在籍する児童生徒が、大半の時間を交流及び共同学習として通常の学級で学び、特別支援学級において障害の状態や特性及び心身の発達の段階等に応じた指導を十分に受けていない事例があることが明らかとなりました。冒頭で述べたとおり、インクルーシブ教育システムの理念の構築においては、障害のある子供と障害のない子供が可能な限り同じ場でともに学ぶことを追求するとともに、一人一人の教育的ニーズに最も的確に応える指導を提供できるよう、多様で柔軟な仕組みを整備することが重要であり、「交流」の側面のみに重点を置いて交流及び共同学習を実施することは適切ではありません。

　加えて、同調査においては、一部の自治体において、
・特別支援学級において特別の教育課程を編成しているにもかかわらず、自立活動の時間が設けられていない
・個々の児童生徒の状況を踏まえずに、特別支援学級では自立活動に加えて算数（数学）や国語の指導のみを行い、それ以外は通常の学級で学ぶといった、機械的かつ画一的な教育課程の編成が行われている
・「自校通級」、「他校通級」、「巡回指導」といった実施形態があ

る中で、通級による指導が十分に活用できていない
といった事例も散見されました。

　本通知は、こうした実態も踏まえ、これまで文部科学省が既に示してきた内容を、より明確化した上で、改めて周知することを主な目的とするものです。

　前文にあたる箇所であるが、特別支援学級の運営が適切ではない、通級が十分に活用されていない、共同交流教育が機械的に行われている、という指摘である。

　　第1　特別支援学級又は通級による指導のいずれにおいて教育を行うべきかの判断について
　○特別支援学級又は通級による指導のいずれにおいて教育を行うべきかの判断については、関係の法令及び「障害のある児童生徒等に対する早期からの一貫した支援について（通知）」（平成25年10月4日付け文科初第756号）等の通知や、令和3年6月に改訂した「障害のある子供の教育支援の手引」を参照し、客観的かつ円滑に適切な判断を行うことが必要であること。
　○通級による指導の対象となる児童生徒について、その児童生徒が通学する小・中学校等に通級による指導の場を設けることが容易ではない場合に、安易に特別支援学級を開設することは適切とは言えないこと。どのような学びの場がふさわしいかは、その児童生徒の教育的ニーズが大前提となるため、市区町村教育委員会においては、令和3年6月に改訂した「障害のある子供の教育支援の手引」等を参照しつつ、必要に応じて都道府県教育委員会とも相談しながら学びの場（通級による指導の場合の実施形態も含む。）について入念に検討・判断を進める必要があること。

　ここでは、特別支援学級による教育か、通級による指導かを択一的にとらえ、「安易に特別支援学級を開設すること」は適切ではないとしている。
　　第2　特別支援学級に在籍する児童生徒の交流及び共同学習の時数

について

○交流及び共同学習を実施するに当たっては、特別支援学級に在籍している児童生徒が、通常の学級で各教科等の授業内容が分かり学習活動に参加している実感・達成感をもちながら、充実した時間を過ごしていることが重要である。このため、「平成29年義務標準法の改正に伴い創設されたいわゆる『通級による指導』及び『日本語指導』に係る基礎定数の算定に係る留意事項について」（令和２年４月１７日付事務連絡）にある通り、障害のある児童生徒が、必要な指導体制を整えないまま、交流及び共同学習として通常の学級で指導を受けることが継続するような状況は、実質的には、通常の学級に在籍して通級による指導を受ける状況と変わらず、不適切であること。

○また、「障害のある子供の教育支援の手引」にあるように、特別支援学級に在籍している児童生徒が、大半の時間を交流及び共同学習として通常の学級で学んでいる場合には、学びの場の変更を検討するべきであること。言い換えれば、特別支援学級に在籍している児童生徒については、原則として週の授業時数の半分以上を目安として特別支援学級において児童生徒の一人一人の障害の状態や特性及び心身の発達の段階等に応じた授業を行うこと。

○ただし、例えば、次年度に特別支援学級から通常の学級への学びの場の変更を検討している児童生徒について、段階的に交流及び共同学習の時数を増やしている等、当該児童生徒にとっての教育上の必要性がある場合においては、この限りではないこと。

≪改善が必要な具体的な事例≫

・特別支援学級に在籍する児童生徒について、個々の児童生徒の状況を踏まえずに、特別支援学級では自立活動に加えて算数（数学）や国語といった教科のみを学び、それ以外は交流及び共同学習として通常の学級で学ぶといった、機械的かつ画一的な教育課程を編成している。

・全体的な知的発達に遅れがあるはずの知的障害の特別支援学級に在籍する児童生徒に対し、多くの教科について交流及び共同学習中心の授業が行われている。

・通常の学級、通常の学級における指導と通級による指導を組み合わ

せた指導、特別支援学級、特別支援学校という学びの場の選択肢を、本人及び保護者に説明していない。

・交流及び共同学習において、「交流」の側面のみに重点が置かれ、特別支援学級に在籍する児童生徒の個別の指導計画に基づく指導目標の達成が十分ではない。

・交流及び共同学習において、通常の学級の担任のみに指導が委ねられ、必要な体制が整えられていないことにより、通常の学級及び特別支援学級の児童生徒双方にとって十分な学びが得られていない。

この「第2」が、特に注目された。「原則として週の授業時数の半分以上を目安として特別支援学級において児童生徒の一人一人の障害の状態や特性及び心身の発達の段階等に応じた授業を行うこと。」という時数の制限をかけたのである。これまでこうした制約はなかった。

　　第3　特別支援学級に在籍する児童生徒の自立活動の時数について
○特別支援学級における自立活動については、小学校等学習指導要領や特別支援学校学習指導要領に、
・特別支援学級において実施する特別の教育課程については、（中略）自立活動を取り入れること
・学校における自立活動の指導は、（中略）自立活動の時間はもとより、学校の教育活動全体を通じて適切に行うものとする
・小学部又は中学部の各学年の自立活動の時間に充てる授業時数は、児童又は生徒の障害の状態や特性及び心身の発達の段階等に応じて、適切に定めるものとする
と記載されている。このため、特別支援学級において特別の教育課程を編成しているにもかかわらず自立活動の時間が設けられていない場合は、自立活動の時数を確保するべく、教育課程の再編成を検討するべきであること。

特別支援学級において、特別支援学校での「自立活動」を参考にして、その時間を設置することはこれまでも（「養護訓練」の時代から）いわれてきたことであり、さほど驚くべきとではないが、時数確保を強調し

ている。

　　　第4　通級による指導の更なる活用について
○通級による指導の実施形態については、「自校通級」、「他校通
級」、「巡回指導」それぞれの実施形態の特徴、指導の教育的効果、児
童生徒や保護者の負担等を総合的に勘案し、各学校や地域の実態を踏
まえて効果的な実施形態の選択及び運用を行うこと。
○実施形態の選択に当たっては、児童生徒が在籍する小・中学校等で
専門性の高い通級による指導を受けられるよう、自校通級や巡回指導
を一層推進することが望ましいこと。なお、通級による指導の充実に
関しては、他校通級に係る児童生徒の移動にかかる時間や保護者の送
迎の負担等を含め、今後文部科学省において、関係者の意見を聴取す
るなどして、より教育的な効果の高い運用の在り方について検討を行
う予定であること。
○また、地域全体で必要な指導を実施することができるよう、行政区
を超える学校の兼務発令を活用するなど、専門性の高い人材による効
果的かつ効率的な指導を行うための方策について検討を行うことが適
当であること。[3]

　特別支援学級ではなく、通級による指導を活用すべきこと、そのために
工夫をすることを求めている。
　以上が本文である。付属文書として「令和3年度　特別支援学級及び通
級による指導の実態調査の結果について」（令和4年4月）がこの後に続
いている。

5「4.27通知」と問題点
　最初から噴飯物なのだが、「特別支援教育は、共生社会の形成に向け
て、障害者の権利に関する条約に基づくインクルーシブ教育システムの理
念を構築することを旨として行われることが重要です。」と宣言し、分離
別学を基本とする日本の「インクルーシブ教育システム」を障害者権利条
約に基づいているものと主張する。
　全体のながれは、

　第1　特別支援学級又は通級による指導のいずれにおいて教育を行うべきかの判断について

　第2　特別支援学級に在籍する児童生徒の交流及び共同学習の時数について

　第3　特別支援学級に在籍する児童生徒の自立活動の時数について

　第4　通級による指導の更なる活用について

　（以下、「第1」「第2」のように略記）

とされていて、特別支援学級の増大に対応するために、結論としては、「通級」の活用を打ち出したというところである。

　「第1」に関して、就学先については、就学支援委員会（教委）の総合的判断によって行われているにもかかわらず、その責任に関する言及がない。

　現行の就学先決定は、以下のようになされている。

　　就学基準に該当する障害のある子どもは特別支援学校に原則就学するという従来の就学先決定の仕組みを改め、障害の状態、本人の教育的ニーズ、本人・保護者の意見、教育学、医学、心理学等専門的見地からの意見、学校や地域の状況等を踏まえた総合的な観点から就学先を決定する仕組みとすることが適当である。その際、市町村教育委員会が、本人・保護者に対し十分情報提供をしつつ、本人・保護者の意見を最大限尊重し、本人・保護者と市町村教育委員会、学校等が教育的ニーズと必要な支援について合意形成を行うことを原則とし、最終的には市町村教育委員会が決定することが適当である。

　　特別支援教育の在り方に関する特別委員会報告「共生社会の形成に向けたインクルーシブ教育システム構築のための特別支援教育の推進」平成24年7月13日

　ということで、最終決定権者は、市町村教育委員会である。もちろん小学校等に入学後の学級編成については当該学校の校長の裁量権に属することから、普通学級または特別支援学級入級処分は、校長によってなされるが、教委においても就学支援委員会の意見を踏まえたものであることから、入学後の処分については見通しをもっているはずであり、前もって決

定される。校長の裁量権は建前となっている。

したがって、「第1」でいうような「特別支援学級又は通級による指導のいずれにおいて教育を行うべきかの判断については、……客観的かつ円滑に適切な判断を行うことが必要である」ということにはならず、むしろ現状の就学支援委員会が機能していないことを述べているに過ぎない。

次に「第2」は今回の最大の論点である。ここでは「交流及び共同学習」を実施している「特別支援学級に在籍している児童生徒」が、「実質的には、通常の学級に在籍して通級による指導を受ける状況と変わらず、不適切である」ので、「大半の時間を交流及び共同学習として通常の学級で学んでいる場合には、」「原則として週の授業時数の半分以上を目安として特別支援学級において」「授業を行うこと」としている。「ただし、例えば、次年度に特別支援学級から通常の学級への学びの場の変更を検討している児童生徒について」は、「この限りではない」として、特別支援学級から通常級への移行も想定していることになる。

批判されるべき≪具体的な事例≫としては、「特別支援学級では自立活動に加えて算数（数学）や国語といった教科のみを学び、それ以外は交流及び共同学習として通常の学級で学ぶといった、機械的かつ画一的な教育課程を編成」。「知的発達に遅れがある」はずなのに「多くの教科について交流及び共同学習中心の授業が行われている」。特別な場について「本人及び保護者に説明していない」「交流」ばかり行っている。「交流及び共同学習において」、「必要な体制が整えられていない」。こうした点が上げられている。

ポイントは、（1）交流の時間を1／2にすること、（2）「知的」障害の子どもたちは通常学級での教科の時間を過ごさないようにすること、である。

『交流及び共同学習ガイド』（平成31年3月文部科学省）では、

> 　交流及び共同学習は、相互の触れ合いを通じて豊かな人間性を育むことを目的とする交流の側面と、教科等のねらいの達成を目的とする共同学習の側面があり、この二つの側面を分かちがたいものとして捉え、推進していく必要があります。

と、このように交流共同学習を位置づけている。これは、交流教育拡大の中で後付けとして整理したものにすぎない。実態的には70年代以降大阪府下を中心に分離を前提とした特殊教育の進展に抗して、当時の「統合教育」の実践が進められた。政府（文部省）も国際障害者年（1981年）を契機に学習指導要領の中に、「ふれあい」を目的とするわずかな交流をいちづけた。国際障害者年については「国連総会は1981年を国際障害者年と宣言した。それは世界の人びとの関心を,障害者が社会に完全に参加し,融和する権利と機会を享受することに向けることを目的とする。障害者の問題を解決する努力は、本来,国の開発戦略の不可欠な部分である。」（国連広報センター）

戦後の文部省の強固な分離教育体制については、「「交流及び共同学習」では「インクルーシブ教育」は実現できない」（障害者権利条約批准・インクルーシブ教育推進ネットワーク、2010. 10. 18）に詳しく整理されている。

時間制限ももちろん問題であるが、「知的」障害の子どもたちが、普通学級にいては、何の学びもないという、一方的な差別的な「見方・考え方」があり、俗説的で観察が不十分な考察にすぎない。紙やスコアに表される「学び」のみを文科省は学校に求めているのである。

「第3」については、学習指導要領が特別支援学級で「自立活動」の時間を確保することを指示しているのだから、そのようにすることという形式的な命令にすぎない。

むしろ「第4」が、今回の眼目なのかもしれない。「児童生徒が在籍する小・中学校等で専門性の高い通級による指導を受けられるよう」することなのである。交流が大半な子どもたちは普通学級に在籍させた上で、必要とされる時間数を「通級」の対象とすればよく、「通級」をメインとする教育に切り替えることである。しかし、現行の「通級」では学習指導ができない。「自立活動」様の内容しかできないのである（「障害に応じた通級による指導の手引 解説とQ&A（改訂第3版）」文部科学省 編著）。以下のように述べる。

　　障害に応じた特別の指導は、「障害による学習上又は生活上の困難を改善し、又は克服することを目的とする指導」とされています。こ

れは、特別支援学校の特別な指導領域である自立活動の目標とすると
ころであり、通級による指導とは、特別支援学校の自立活動に相当す
る指導とされています。

「制限通知」は、内容面の問題もあるが、個々の子どもの学習の場と内
容の決定がどのようになされるべきか、ということである。内容編成（教
育課程）決定のあり方の問題である。

　一般的には、本人が自分の受けるべき教育内容を決定する権利を持
つ。すなわち、人はその全生涯にわたって、自らを教育する自由を有す
る。ただし、本人が幼児その他の若年者であるため、自分がどのような
教育を受けるのが適当かについて十分な判断能力を持たない場合には、親
または親権者がその教育内容を決定する権限を持つ（民法820条）。

　ところが、今回に決定は、教育行政の段階としては中央政府である文科
省がその通知によって、どのクラスにおいて授業を受けるのかというとこ
ろまで踏み込んで「規制」するのである。基本的には文科省にこうした権
限はない。学校教育法の第五条は、「学校の設置者は、その設置する学校
を管理し、法令に特別の定のある場合を除いては、その学校の経費を負担
する。」として設置者管理主義・負担主義を規定する。学校のことは学校
と当該教育委員会が決定するのである。教育課程については、同法第三十
三条において「小学校の教育課程に関する事項は、第二十九条及び第三十
条の規定に従い、文部科学大臣が定める。」（中学校、高等学校、特別支援
学校へ準用）としてその内容を規定する権限を文科大臣に持たせてい
る。確かに文科省は現行法制では教育内容の大綱的な基準である教育内容
基準編成権を有している。あくまでも基準であって内容決定そのものでは
なく、そこには都道府県教委、地教委（市区町村）、学校における校長と
教員によって決定される。事実、各学校が前年度末まで教育課程を編成
し、設置者である教育委員会に届け出るという建前を取っている。

　小学校学習指導要領総則では「各学校においては，教育基本法及び学校
教育法その他の法令並びにこの章以下に示すところに従い，……児童の心
身の発達の段階や特性及び学校や地域の実態を十分考慮して，適切な教育
課程を編成するものとし」と定めている（中学校等も同様）。

　さらには、特別支援学級の設置・入級に関しては、学級を置くのは「学

校」すなわち校長の権限（札幌地裁判決）であるとされている。

6 「どのレベルで判断すべきなのか」

　教育内容の決定に関しては、教育権論争が示唆に富む。国家の教育権か、国民の教育権か、という論争であるが、国民国家の主権者は国民であるという擬制の中に入っていくと、「国家＝国民の教育権」にならざるを得ない。

　「国民の教育権論」を脇に置いておき、考えてみたい。戦後の日本国憲法は、権利主体をPeople（人民、人々、human、人）ではなくNation（国民）にしてしまった。国民である限り、国民主権は国家主権に容易に転化する。間接民主主義によって、代表制をとる限り、方法（選挙制度）がどのようなものであろうとも議会主権となり（日本国憲法）、国民の教育権が国家の教育権と同一視されざるをえない。

　その中で、外国につながりのある子どもたちに、母語・母文化の保障を実現する教育が公教育の枠内（公私立を包括する）では実現しえないのは、こうした論理を限定的に解釈し、日本の公教育は日本人の形成を目的とすると考えるからである。

　教育権論争が結末をえずに終結しつつあるのは、国民／国家の自己撞着を乗り越えることができなかったからであり、日本国憲法の限界として認識されるべきであり、国民の国家への要求である限り、代表制民主主義の限界に突き当たる。教育内容の決定に関する権限を個々の人々の権利に取り戻すためには人民の基本権として「教育」を再定義する必要がある。[3]

　親（保護者）の私事性の再編であるとしても、私事を集団によって押し殺す論理が生まれる、さらにはその方向から離れるのであれば、私事であるから、個別に行えばよい、という論理になる。

　他方、近代公教育がいわゆる「国民形成」を目的の一つとする「国民教育」とほぼ同義で重なる限り、「人々」と規定しても「国民」と規定しても大きく異なるわけではない。国内に住む国籍を持たない人々も含むか、否かである。つまりnationをPeopleにしても、近代公教育の枠を大きく超えるものではない。近代公教育が市民社会との対峙の中で存在するが故に、市民社会（ブルジョワジーによって構成される資本主義を経済基盤とする社会）によって規定される。市民社会のエスノセントリズム的な状

況あるいは、多文化的な状況があっても、それぞれの状況を踏まえた「国民教育」が展開されるだけで近代公教育の枠を超えるものではない。しかしながら、市民社会における多様性を反映させた変更、例えば、エスニックルーツに基づく母語母文化保障が公教育の中で展開されるとすれば、「国民教育」の意味変容であり、「国民」ではなく「人々・人民」の教育要求を包摂しようとする試みとなる。

　このような意味において「教育内容」、具体的には個々の子どもたちが就学する学校の教育課程に人民の教育要求が反映される必要がある。ローカルな管理（目の前の子どもたち）と国家的な管理（ナショナルなスタンダードの優先、統制）の衝突が起こる。それも「目の前の子どもたち」の状況を反映させようとする個々の学校の管理をナショナルな管理が支配しようとする試みとなる。そうした意味では、各地域の各学校が独自の考え方によって現行法制の枠内での教育課程編成を行い、それに対して中央政府が「気に入らない」ものを排除しようとする時、ヘゲモニー争いとなる。

7　学習指導要領、その他の法令

　あらためて、学習指導要領によって特別支援学級の教育課程編成がどのように構成されるのかについて、現状を整理してみる。下線は筆者。
　特別支援学級の教育課程の編成については、

　小（中）学校学習指導要領総則
　（第1章第4の2の（1）のア）
　2　特別な配慮を必要とする児童への指導
　（1）障害のある児童などへの指導
　ア　障害のある児童などについては，特別支援学校等の助言又は援助を活用しつつ，<u>個々の児童の障害の状態等に応じた指導内容や指導方法の工夫を組織的かつ計画的に行う</u>ものとする。
　イ　<u>特別支援学級において実施する特別の教育課程</u>については，次のとおり編成するものとする。
　（ア）障害による学習上又は生活上の困難を克服し自立を図るため，特別支援学校小学部・中学部学習指導要領第7章に示す自立活動

を取り入れること。

（イ）児童の障害の程度や学級の実態等を考慮の上，各教科の目標や内容を下学年の教科の目標や内容に替えたり，各教科を，知的障害者である児童に対する教育を行う特別支援学校の各教科に替えたりするなどして，実態に応じた教育課程を編成すること。

ウ　障害のある児童に対して，通級による指導を行い，特別の教育課程を編成する場合には特別支援学校小学部・中学部学習指導要領第7章に示す自立活動の内容を参考とし，具体的な目標や内容を定め，指導を行うものとする。その際，効果的な指導が行われるよう，各教科等と通級による指導との関連を図るなど，教師間の連携に努めるものとする。

エ　障害のある児童などについては，家庭，地域及び医療や福祉，保健，労働等の業務を行う関係機関との連携を図り，長期的な視点で児童への教育的支援を行うために，個別の教育支援計画を作成し活用することに努めるとともに，各教科等の指導に当たって，個々の児童の実態を的確に把握し，個別の指導計画を作成し活用することに努めるものとする。特に，特別支援学級に在籍する児童や通級による指導を受ける児童については，個々の児童の実態を的確に把握し，個別の教育支援計画や個別の指導計画を作成し，効果的に活用するものとする。

学習指導要領解説109-110.p

　特別支援学級における特別の教育課程（第1章第4の5の（1）のイ）

　これらの特別の教育課程に関する規定を参考にする際には，特別支援学級は，小学校の学級の一つであり，通常の学級と同様，第1章総則第1の1の目標を達成するために，第2章以下に示す各教科，道徳科，外国語活動及び特別活動の内容に関する事項は，特に示す場合を除き，いずれの学校においても取り扱うことが前提となっていることを踏まえる必要がある。その上で，なぜ，その規定を参考にするということを選択したのか，保護者等に対する説明責任を果たしたり，指導の継続性を担保したりする観点から，理由を明らかにしながら教育課程の編成を工夫することが大切であり，教育課程を評価し改善する

上でも重要である。

交流教育・共同学習については

小学校学習指導要領　本文

② 学校相互間の連携や交流（第1章第5の2のイ）

イ　他の小学校や，幼稚園，認定こども園，保育所，中学校，高等学校，特別支援学校などとの間の連携や交流を図るとともに，<u>障害のある幼児児童生徒との交流及び共同学習の機会を設け，共に尊重し合いながら協働して生活していく態度を育むようにする</u>こと。

同解説　127.p

障害者基本法第16条第3項にも規定するとおり，障害のある幼児児童生徒との交流及び共同学習は，児童が障害のある幼児児童生徒とその教育に対する正しい理解と認識を深めるための絶好の機会であり，同じ社会に生きる人間として，お互いを正しく理解し，共に助け合い，支え合って生きていくことの大切さを学ぶ場でもあると考えられる。特別支援学校との交流の内容としては，例えば，学校行事や学習を中心に活動を共にする直接的な交流及び共同学習のほか，文通や作品の交換といった間接的な交流及び共同学習が考えられる。なお，交流及び共同学習の実施に当たっては，双方の学校同士が十分に連絡を取り合い，指導計画に基づく内容や方法を事前に検討し，各学校や障害のある幼児児童生徒一人一人の実態に応じた様々な配慮を行うなどして，組織的に計画的，継続的な交流及び共同学習を実施することが大切である。

また，<u>特別支援学級の児童との交流及び共同学習は，日常の様々な場面で活動を共にすることが可能であり，双方の児童の教育的ニーズを十分把握し，校内の協力体制を構築し，効果的な活動を設定すること</u>などが大切である。

以下の3点が確認できる。

・交流及び共同学習を促進すること

・個々の子どもたちの状況を把握し，学校が設定すること

・時数制限については触れられていないこと

　これらを含めた教育課程の編成全体については、鈴木勲著『逐条学校教育法』（290.p）において以下のように述べられている。

　　この規定の趣旨は二の面から考えることができる。一つは、障害のある児童について、それぞれの障害に対する児童の実態に即した適切な指導が必要であるということであり、もう一つは、学習指導要領に示す各教科等の内容は特記されたもの以外はすべて取り扱わなければならないこととなっているが、障害のある児童については全く普通の児童と同様に取り扱うのではなく、それらの児童の障害の実態に十分配慮して指導する必要があるということである。このような指導上の配慮については、学習指導要領では具体的に示されてはおらず、学校や教員の判断によることになる。その際、特別支援学校の助言又は援助を活用しつつ、必要に応じて医療や福祉等の業務を行う関係機関と連携を図ることが重要である。

　なお小学校に置かれる特別支援学級については、施行規則１３８条で、特に必要がある場合には特別の教育課程によることができるとされている。以上長々と引用したが、すべて教育内容に関する「訓示的な規定」であり、時数に関する指摘は全くない。

　したがって、新たな行政解釈を加えることがなければ「4．27通知」を正当化することはできないのである。（注４）

おわりに

　恣意的な行政による法解釈が認められないとすれば、やはり原則に戻るしかない。「国連・障害者の権利に関する条約」批准に基づいて日本で「障害者基本法」は、「（教育）16条　国及び地方公共団体は、障害者が、その年齢及び能力に応じ、かつ、その特性を踏まえた十分な教育が受けられるようにするため、可能な限り障害者である児童及び生徒が障害者でない児童及び生徒と共に教育を受けられるよう配慮しつつ、教育の内容及び方法の改善及び充実を図る等必要な施策を講じなければならない」とする改正がなされた。この原則は、あらゆる行政によって遵守されなけれ

ばならない。「共同交流教育の時数制限」は、「ともに学ぶ」ことを「可能な限り」実現するという立法趣旨に明らかに反することになる。法解釈学も通達・通知が「立法」を越えることを禁じている。

　法を、社会や政治的要請とは独立した認識の体系としてとらえようとする「純粋法学」の立場に立つとされるハンス・ケルゼンは、筆者のつたない読解によると、要は「政治」と「法」の関係について検討を重ねている。近訳である『民主主義と本質の価値』（長尾龍一・植田俊太郎訳、岩波文庫、2015年）では、「民主主義とは統治者と被治者、支配の主体と客体の同一性であり、国民の国民に対する支配を意味する。」（同書29.p）と明確に述べている。そこを踏まえた上で「国家意志形成過程の第二段階の民主化という問題が起こったのである。すなわち、個別国家行為の民主化、（司法と行政を一括した名称である）執行の民主化の要求である。」（同書93. p）と指摘する。

　「国民の教育権論」のような国民と国家の対立をどうとらえるかという本質論的な問題は置くとしても、限定的ではあるが「執行の民主化」に関する議論を深める方向で検討することも求められている。

　注
　（1）　この通知の付属文書「令和3年度 特別支援学級及び通級による指導の実態調査の結果について 令和4年4月」は「北海道、新潟県、長野県、大阪府、徳島県、佐賀県、熊本県、沖縄県、大阪市、岡山市。令和2年度学校基本調査に基づき選定。」とした調査を行い、「現状の不適切さ」を主張している。いわゆる「現学級保障」のとりくみがすすめられている大阪府・市が含まれている。
　（2）　ちなみに、ナポレオン戦争後のプロイセンの改革（シュタイン・ハルデンベルク改革）を進めたハインリヒ・フリードリヒ・フォン・シュタイン（Heinrich Friedrich Karl vom Stein、1757－1831）と混同されるときもある。
　（3）　末尾に「本件連絡先　文部科学省初等中等教育局特別支援教育課企画調査係／文部科学省初等中等教育局財務課企画調査係」と記されている。特別支援教育課と並んで財政課が入っており、財政上の問題としてやはり義教費と定数法の問題であることがうかがえる。本文には「お金」の問題はひと言も触れられていない。
　（4）　国民の教育権を主張した教科書裁判における杉本判決では次のように述べている。「公教育としての学校において直接に教育を担当する者は教師であるから、子どもを教育する親ないし国民の責務は、主と

して教師を通じて遂行されることになる。この関係は、教師はそれぞれの親の信託を受けて児童、生徒の教育に当たるものと考えられる。
したがって教師は、一方で児童、生徒に対し、児童、生徒の学習する権利を十分に育成する職責をになうとともに、他方で親ないし国民全体の教育意思を受けて教育に当たるべき責務を負うものである。」父母の信託を受けた学校の教員が教育権を代行／協働することになり、教育の私事性に根拠を持つようになる。判決文は、『戦後教科書運動史』（俵義文著、平凡社新書、2020年12月）137.pから引用。

（5）総務省「今後発出する通知・通達の取扱いについて」（平成23年7月12日）では「国民の権利・義務に影響を及ぼす内容は、法律によることが必要であるため、法律によらず、通知・通達のみをもって、国民の権利・義務に影響を及ぼすことは、それ自体が無効である。」としている（下線部筆者）。

　したがって、地教行法第48条（文部科学大臣又は都道府県委員会の指導、助言及び援助）を用いて、「本条は、文部科学大臣が都道府県又は市町村に対し、また、都道府県委員会が市町村に対して、指導・助言・援助を行うことができることを規定している。さらに、都道府県委員会が市町村に対して行う指導・助言・援助に関し、文部科学大臣が都道府県委員会に対し必要な指示をすることができること、都道府県知事又は都道府県委員会が文部科学大臣に対して、また、市町村長又は市町村委員会が文部科学大臣又は都道府県委員会に対して、必要な指導・助言・援助を求めることができることを規定している。その指導・助言・援助は、それぞれの団体の行う教育に関する事務の処理が適正に行われるようにすることを目的として、行われるものである」（『第4次新訂　逐条解説　地方教育行政の組織及び運営に関する法律』木田宏編、368.p）を根拠としても、可能なのは「指導・助言」であって、各学校の特別支援学級の教育課程に係る交流共同学習について時数制限等を行うことはできない。

引用文献

木田宏編『第4次新訂　逐条解説　地方教育行政の組織及び運営に関する法律』第一法規、2016年
鈴木勲著『逐条　学校教育法　第8次改訂版』学陽書房、2016年
柴田隆行著『シュタインの自治理論　後期ローレンツ・フォン・シュタインの社会と国家』御茶の水書房、2014年

Web上の資料

文科省「特別支援学級及び通級による指導の適切な運用について（通知）」
https://www.mext.go.jp/content/20220428-mxt_tokubetu
01-100002908_1.pdf

国連障害者権利条約外務省訳
　　https://www.mofa.go.jp/mofaj/files/000018093.pdf
国連広報センターの「国連障害者年」の記述
　　https://www.unic.or.jp/files/print_archive/pdf/world_conference
　　/world_conference_9.pdf)
障害者権利条約批准・インクルーシブ教育推進ネットワーク、2010. 10.
　18)
　　https://www.mext.go.jp/b_menu/shingi/chukyo/chukyo3/044/attach
　　/1298938.htm
総務省「今後発出する通知・通達の取扱いについて」
　　https://www.soumu.go.jp/menu_news/s-news/01kanbo02_01000005.html
すべて2023年3月3日LastAccess

特集：特別支援教育中止勧告の衝撃と学校改革

オーストラリアにおける障害児の教育へのインクルージョンに向けた議論と取り組み
——障害者権利条約委員会による審査間の取り組みを中心に

福地健太郎（独立行政法人国際協力機構）

【要旨】

　本稿では障害者権利条約委員会による２度の審査を受けたオーストラリアにおいて、インクルーシブ教育に関しどのような議論がなされ改革が試みられたのかを分析し、今後日本の議論に必要な示唆を考察した。

　結論として一定数のヒアリングによる調査に基づく議論、教育格差と教育財政の観点からの障害児教育の位置づけ、インクルーシブ教育実現に向けた方略作成が、日本のインクルーシブ教育発展に向けた議論に参考となる視点であるとの示唆が得られた。

　※　なお、本稿の見解は筆者個人によるものであり、所属組織の見解を表したものではない。

1．初めに

　2022年９月、日本に対する障害者権利条約委員会による初回審査が行われ総括所見が公表された。

　本稿では日本に先んじて２度の審査を受けたオーストラリアにおいて、障害児のインクルーシブ教育への権利実現に向けて、どのような議論がなされ、改革が試みられたのかを検討することにより、勧告を受けて今後日本において展開されるであろう議論に必要な示唆を引き出すことを目的とする。次節で連邦レベルでのオーストラリアの障害児教育の主な論点を概観する。その後障害者権利条約委員会による初回審査の議論とその後の改革、そして第２回の審査の議論の争点を分析する（第３節）。最後に一連の議論を踏まえた考察を行う（第４節）。

2．オーストラリアの障害児教育改革の論点

　連邦制を敷くオーストラリアでは、8つの州に教育に関する大きな権限と責任が与えられているため、連邦政府は補助金を通じて各州の教育政策に関与することになる（Sinclair & Brooks, 2022）。

　障害児の教育については1940年代から1970年代にかけて、大規模に特殊学校が建設されたが、公教育においては"教育可能"と見なされた児童のみが対象であり、多くの支援を必要とする障害児は除外されていた（Forlin, 2006）。

　1973年には、グローバル化する経済に対応する競争力強化のため、連邦政府の教育への関与を高める圧力が高まり、連邦政府による学校への財政支援の在り方を見直したKarmel報告書が提出される（Sinclair & Brooks, 2022）。

　同報告書は特殊教育についての分析において、従来のIQや医学的専門職による教育可能性の評価を批判し、通常学級への障害児の統合と連邦政府による予算措置を勧告した（de Bruin, 2022）。

　その後1992年に制定された障害者差別禁止法（Disability Discrimination Act）（DDA）により障害者の学校への入学、学習へのアクセスと参加に関する差別が禁止され合理的調整（1）の提供が義務付けられると共に、医学的な診断ではなく、より広い障害の定義が採用された（de Bruin, 2022）。

　しかしながら、各州において財政的支援を受ける障害児の決定が従来の医学的診断により継続され、DDAの元で合理的調整を受ける対象者であっても合理的調整にかかる州からの財政的支援が得られず、合理的調整の不提供や障害児の入学拒否の理由となったため、教育のための障害基準（Disability Standards for Education（DSE）2005）の制定に繋がった（de Bruin, 2022）。

　同基準は、合理的調整、登録・入学の基準、参加の基準、カリキュラム開発と認定の基準、生徒支援サービスの基準、ハラスメントと虐待などの11のパートからなっており、5年ごとに見直しされる（玉村＆片岡, 2014）。

　以上よりオーストラリアの障害者教育を連邦政府レベルで検討するにあたり、DDAとDSEによる差別禁止と合理的調整の提供と連邦政府から

の財政支援が論点となってきたことが分かる。

3．障害者権利条約委員会審査での焦点と改革の動き
（1）第1回審査
　第1回審査に当たり提出されたオーストラリア政府からの報告（Australian Government, 2012）では、①障害児の初等・中等教育を受ける権利の確認、②合理的調整の義務とハラスメントの防止を定めたDDAとDSE、③公立学校の状況、④私立学校の状況、⑤高等教育への障害者の進学支援プログラム、⑤職業訓練プログラム、⑥職業実習プログラム、⑦教育から就労への移行プログラムについて、各プログラムの概要が報告されている。
　障害のある生徒の公立学校の在籍状況としては、知的障害のある生徒に限れば2003年時点で82,400名（45%）が通常学級、70,200名（38%）が支援学級、31,500名（17%）が特殊学校に在籍しており、知的障害のない障害児（しかし、精神医学的、脳外傷ないし身体的／多様な障害がある）の95%、感覚障害／言語障害のある生徒の77%は通常学級に在籍していると報告されている。
　政府報告に対して8つの障害者権利擁護団体によるThe CRPD Civil Society Report Project Groupによるレポートが提出されている（AUSTRALIAN CIVIL SOCIETY PARALLEL REPORT GROUP, 2012）。この報告の争点としては、以下のように整理できる。
　①DDAやDSEの下でも存在する合理的調整実施状況の州による格差を解消するための実施状況の検証と統一基準での統計整備の必要性。
　②多くの通常学級の在籍者がいる一方、カリキュラムの調整等合理的調整の質が伴わないため、一貫した財政支援と教員など専門職教科の方略の必要性。
　③障害児に対するいじめや特に行動障害のある障害児に対する支援学級での留め置き等行動制限を伴う不適切な対応の全国的な実態把握と対応策の実施。
　④特殊学級に在籍する生徒の増加、特に先住民や地方在住の障害のある生徒の一層顕著な分離、高等教育への参加の課題。
　これらの報告書と建設的対話を通じ障害者権利条約委員会は総括所見を

発表した（United Nations, 2013）。

　ここではDSEにより障害者の他の者との平等を基礎にした教育へのアクセスが保証されているにも関わらず、障害のある生徒が特殊学校に措置され続けて、通常学校に在籍していても特殊学級に留め置かれていること、通常学校に在籍する障害のある生徒が合理的調整の不足により基準以下の教育を受けていること、障害のある生徒の中等教育終了率が障害のない生徒の終了率のほぼ半数であることへの懸念が表明された。

　そして、教育に必要な質を伴った合理的調整を確保するための取り組みを発展させること、各州におけるDSEを含むインクルージョン施策の効果と現状の検証、すべての教育レベル及び訓練への障害者の参加と終了率を増加するための目標値の設定を勧告している。

　ここで整理できる課題としては①DSEなどの連邦政府によるインクルージョンのための施策の各州での実践と合理的調整の確保をいかに進めるか、②この実施を進めるための資金的な支援とその対象を決定する基準と手続きの改善、③いじめや行動制限への対応、④高等教育を含めた教育への参加と終了率の改善が挙げられるであろう。

（2）第1回審査後の動き

【全国統一学校在籍障害学生データ収集"The Nationally Consistent Collection of Data on School Students with Disability （NCCD）"】

　2011年にオーストラリアの教育の公正性と質と連邦政府からの財政支援の在り方に関する調査が実施され、Gonski Reviewとして提言がなされた（Gonski et al., 2011）。

　7000を超える意見が寄せられた同調査では、先住民や障害児が、特に教育において不利な状況に置かれていることが指摘され、プログラムベースではなく、公立学校私立学校に関わらず、生徒のニーズに応じた財政支援を行う改革が提言された。

　障害者については15から64歳で12年の教育を修了した割合が30パーセント、学部以上の教育を修了した割合が15パーセントに対して、障害のない者はそれぞれ55パーセントと24パーセントであり、これが週の総収入の中間値で比較すると障害のある者の306ドルに対し障害のない者は614ドルという格差に繋がっていることを指摘している（Gonski et al., 2011）。

064

　このような教育格差に対応するため、障害のある生徒の合理的調整に応じて統一の透明性のある基準に基づいた財政支援を2013年1月から開始することが提言されている。

　この報告を受けて2013年教育法（Education Act 2013）により、全国の学校は障害のある生徒の在籍状況と合理的調整の状況について毎年報告することとなり、「全国統一学校在籍障害学生データ収集"The Nationally Consistent Collection of Data on School Students with Disability（NCCD）"」が開始された（Gallagher & Spina, 2021）。

　NCCDは障害のある生徒の在籍状況や合理的調整の実施状況の把握、政策策定のための情報収集に活用され、2018年からはNCCDのデータに基づいて合理的調整にかかる財政的な支援がなされている。

【DSE見直し】

　5年ごとに見直されるDSEの2015年レビューは125の意見書、99の事例、308件のコメント、197名の個人の参加によるディスカッションフォーラムの開催により多様な声が分析された（Urbis, 2015）。その結果①DSEに関する理解と適応状況の改善、②DSEの順守の改善、③障害のある生徒個人に合わせた支援の改善に関して14の勧告をオーストラリア政府に提言している。

　この報告書を受けてオーストラリア政府はそれぞれの勧告に対して、同意（Agree）1件、基本的に同意（Agree in Principle）11件、留意（Noted）1件、不同意（Not Agree）2件という結論と共に詳細な説明の回答を公開している（Australian Government, 2015）。

　同意の回答は、DSEの理解と適応の改善に関して合理的調整の決定過程を含む好事例集の作成と公開（勧告3）である。基本的に同意となっているのは、たとえばDSEの順守状況の改善に関して各教育機関が自己点検を実施するツールの導入である（勧告6）。友好的であるという認識の元、具体的な方策について今後検討するとの回答である。

　留意となっているのはDSEの対象の保育機関への拡大（勧告11）である。保育機関についても、すでにDDAで障害を理由にした差別が禁止されているため、必要性について今後検討と回答している。

　最後に不同意と回答しているのは、義務教育以降の教育における障害の

ある生徒に対する政府からの一貫した資金的補助の拡充（勧告13）と公的、民間学術機関の出版物のアクセシビリティの確保（勧告14）である。勧告13については、すでに障害のある学生向けの政府の奨学金プログラムの存在と高等教育機関への補助金はあるものの、その補助金の用途は各教育機関の裁量である点を理由としている。また勧告14についても、出版物の形式は各出版社の裁量であるとの認識を示している。

　この過程を整理するならば、障害のある生徒や関係者への権利の周知、各教育機関による自己点検と順守状況の改善を通して、DSEによる合理的調整の確保を促進する方向が合意されている一方、連邦政府の権限とDDAの義務教育における具体的な実施を定めたDSEの範囲を超える取り組みには慎重な回答となっている。

【2016年上院教育及び雇用調査委員会報告】
　2015年6月、オーストラリア上院は障害のある生徒の教育へのアクセスと達成、障害のある生徒の教育達成を改善することの社会的、経済的効果の評価、ニーズに基づいた財政支援の進捗状況、さらなる政策の改善等を調査するよう、教育及び雇用調査委員会に依頼した。
　同委員会は294件の意見書の提出とブリスベン、シドニー、メルボルンでの4回のヒアリングを受けて、2016年1月に報告書（Senate Standing Committee 2016）を発表した。同報告書では90パーセント近い学習者が通常の学校で学んでいるものの、十分なサポートを得られず自己負担で支援を得るなどの財政的負担、学校との交渉や否定的な扱いによる精神的な負担、また"Gate Keeping"と呼ばれる通常学級での困難を強調するような態度による実質的な入学拒否、先住民やトーレス諸島民の障害のある生徒の複合的な負担について分析し、オーストラリア政府に対して10項目の勧告を行っている。
　オーストラリア政府は2017年3月これらの勧告に対する回答を公表した（Australian Government, 2017）。回答は各勧告に対して指示（Support）、基本的に支持（Support in Principle）、留意（Note）、不支持（does not support）の結論と説明からなっている。
　勧告は1から3がニーズに基づいた障害のある生徒の合理的調整にかかる財政支援の継続や改善についてであり、勧告4、5はNCCDの充実と公

開である。その他障害のある生徒の教育へのアクセスと達成度に関する情報収集と公開（勧告8）、障害のある生徒の教育を改善する国家方略の作成（勧告9）などがある。

　不支持としたのは勧告2で財政支援の減額の中止についてであり、実際には増額しているため指摘は当たらないとしている。その他は支持あるいは基本的に支持としており、特にNCCDとニーズに基づいた財政支援を進める姿勢を示している。

　障害者権利条約委員会から指摘された方略の作成については、国家障害方略2010−2020（National Disability Strategy 2010-2020）で教育を含む包括的な取り組みを定めたとして基本的に支持している。

　上院調査委員会による調査は特に障害のある生徒の財政的、精神的な負担に焦点を当て、連邦政府からのニーズに基づいた効率的な財政支援、NCCDの充実と情報収集、いじめや行動制限の防止を提言するものであった。この過程を通じて、ニーズに基づいた財政支援とNCCDの充実の合意がなされ、前述のNCCDの結果に基づく連邦政府からの財政支援が実現した。

（3）第2回審査
　上記でみた取り組みを経て、オーストラリアは2020年に第2回の審査を受けた。事前質問事項の採択に当たっては、8つの団体によりまとめられたDisabled Peoples' Organization Australia（DPO Australia, 2017）、オーストラリアの独立した人権機関であるAustralian Human Rights Commission（Australian Human Rights Commission, 2017）、インクルーシブ教育推進を目的とした市民社会の連合であるAll Means All（All Means All, 2017）が意見書を提出している。

　これらの意見書では①インクルーシブ教育の定義と目標を明確に設定した政策の改革状況、②細分化された障害のある生徒の教育への参加、終了率、行動制限や隔離の状況のデータ提供、③障害のある生徒へのいじめ、行動制限、隔離の廃止、④合理的調整の提供の保証の課題が指摘されている。

　これを受けて権利委員会からは、①細分化されたデータの提供（質問24）、②上院調査委員会勧告の実施、合理的調整の提供状況と拡充のための予算

措置、高等教育への知的障害のある生徒の参加のためにとられた措置（質問25）、及び③ニーズに基づく財政支援モデルで分離された場に対する支援額が通常学級の場合よりも高いことを指して特殊な場から通常学級にリソースを移すことを勧告した一般的意見4号との関連でどのように考えているかの質問がなされた（United Nations, 2017a）。

オーストラリア政府は2019年2月に第2・3回報告（Australian Government, 2019）を提出し、市民社会はこれに対して2019年7月にパラレルレポート（Australian Civil Society CRPD Shadow Report Working Group, 2019; Australian Human Rights Commission, 2019; All Means All, 2019）を提出している。

質問24の細分化されたデータに対してはオーストラリア政府から医学的な診断ではなく、合理的調整の提供状況によるデータ収集であるNCCDの導入とオーストラリアの18.2パーセントの生徒に当たる724,624名に対して合理的調整が提供されており、20歳以上の障害者の31.7パーセントが中等教育を終了しており、2003年よりも5.6パーセント増加したと報告している。

市民社会からは、支援は必要であるもののNCCD基準の合理的調整対象とならない生徒、いじめや隔離による措置の件数などが捉えられていないというNCCDの課題、15から64歳までの人口のうち、障害のない者の60パーセントが中等教育を終了した一方、障害のある者では36パーセントである教育達成の格差、2003年から2015年にかけて特殊学校に在籍する障害のある生徒の数が34パーセント上昇したことを指摘している。

質問25についてオーストラリア政府からは、前回の審査以降実施された上院調査委員会からの提言を基本的に支持している点、DSE見直しで提言された好事例集の作成、いじめを防止するためのAustralia's National Safe Schools Frameworkが全ての州で承認されている点、221億ドルが障害のある生徒の合理的調整に充てられるようになった点等の改革について報告がなされた。そのうえでオーストラリア政府は未だ課題は山積しているとの認識を示している。

これに対して市民社会は上院調査委員会からも勧告されたインクルーシブ教育促進のための国家的な方略作成にオーストラリア政府が取り組まず、障害者権利条約委員会の一般的意見4号に沿って通常学級へのインクルー

ジョンを促進するという方針の不在により実際に合理的調整のための財政
支援が通常学級よりも特殊学校に在籍する生徒に多く不利割られ、特殊学
校在籍者が増加したと指摘している。

　最後に質問26はもっとも大きな争点となった。NCCDによる合理的調整
のニーズに応じた財政支援モデルが、権利条約委員会の一般的意見第4号
で分離された環境から通常の環境の充実に資源を振り分けるように勧告し
た内容に合致していないという指摘に対して、親の選択権の確保のために
特殊学校、通常学校の支援学級での教育のいじが障害者権利条約24条の義
務に反するか否かの確認オーストラリア政府が求めた点である。

　オーストラリア政府はこの点を一般的意見4号作成過程でも提案してい
る（Australian Government, 2016）。オーストラリア政府の主張をまとめる
と以下のような構成である。

　①障害者権利条約の目的は新たな権利を創出するものではなく他の権利
条約で保証されている人権を障害者に実質的に保証することであるため、
他の人権条約との関連性において理解されるべきである。

　②障害者権利条約24条は経済的、社会的、文化的権利に関する人権規約
（社会権規約）13条の教育に対する権利を障害者も享受することが目的で
ある。

　③社会権規約では教育に関する権利は利用可能な資源に照らして漸進的
に達成されるとされている一方、非差別条項は即時的義務であるため、ま
ずは障害者が教育にアクセスできることを優先すべきであり、そのために
は通常学校の支援学級や特殊学級は必要である。

　④また社会権規約13条の3、4項で親の教育の選択権が記載されており、
特殊学校及び通常学校の支援学級はこの選択肢に当たる。

　⑤そのため一般的意見4号において、インクルーシブ教育に関する権利
は特殊学校あるいは通常学校の支援学級を廃止する即時的義務を課すもの
であるという意見にはオーストラリア政府は同意しない。

　これに対して市民社会からは、すでに一般的意見4号及び権利委員会か
らの各国への勧告において特殊学校などの分離された場から、通常学校へ
の支援に資源を振り分けることを明確にしていること、オーストラリア政
府の権利委員会への確認は24条に関する義務を逃れようとするものである
との指摘がなされた。

　特にAll Means Allのレポートでは障害者権利条約委員会の副議長である
Rosemary Kayess氏による、社会権規約の一般的意見13号において、教育
に関する親の選択権は特定の宗教的信条に沿って、基準を満たしていれば、
公立の学校以外の学校を選択する権利を規定したもので、政府により障害
を理由に分離された場が準備されてきた障害者の教育には当てはまらない
との見解をもって反論している。
　なお、オーストラリア政府の主張の根拠となっている
　社会権規約13条に関して、2017年社会権規約委員会はオーストラリア
政府の第5回審査に際し、分離された場における障害のある生徒の増加な
どインクルーシブ教育が進んでいないことを指摘している（United
Nations, 2017b）。
　上記の議論を経て、障害者権利条約委員会はDSE見直しの勧告事項の未
実施、分離された教育を受ける障害のある生徒の増加と通常学級在籍の障
害のある生徒への財政支援の不足、いじめや隔離・行動制限を受ける障害
のある生徒を含むデータの不足に対する懸念を表明した（United Nations,
2019）。
　また前回審査の勧告を繰り返す形で、障害者と協力して、DSEの見直し
による勧告の実施とインクルーシブ教育実施の国家行動計画の作成、先住
民やトーレス諸島民を含めた障害のある生徒の分離を改善すること、合理
的調整の対象とはなっていない障害のある生徒、いじめ、隔離・行動制限
や達成度を含む詳細なデータの収集を勧告した。なお、オーストラリア政
府が確認した特殊学校、通常学校の支援学級での教育が、権利条約24条の
義務に反するかについての回答は含まれなかった。
　第1回審査からの議論としては次のように整理できる。
　①州ごとの合理的調整の提供状況の格差と統計の整備についてはDSEの
見直しやNCCDの導入により改善してはいるものの、DSEの見直しで浮か
び上がった課題への対応、NCCDの対象とならない障害のある生徒への支
援などの課題が明らかになった。
　②障害のある生徒に対するいじめや行動制限を課す指導の実態把握及び
障害のある生徒の行動教育への参加は引き続き課題である。
　③特に先住民など交差的に不利な状況にある障害のある生徒の分離され
た場の在籍者の増加は引き続き課題であり、通常学級への移行を進める財

政的支援と方略の作成が必要であるが、オーストラリア政府は特殊学校、特殊学級を選択肢として確保することが条約の趣旨に違反するかの確認を求めている。

4．考察と結論

これまで概観したオーストラリアにおける障害児の教育へのインクルージョンに関する議論と取り組みからは以下のような観察が得られる。

まずは差別禁止と合理的調整のみでは通常学級でのインクルージョンの推進にはおのずと限界があり、通常学級への支援への資源の振り分けや"Gate Keeping"への対応を含めて、通常学級へのインクルージョンを促進するという方略が必要である。これはDDAとDSEに基づく合理的調整の提供の推進を目指して様々な改革を行ってきて、なお特殊学校の在籍者が増加したことを市民社会が指摘し、上院調査委員会の報告でも指摘されているところである。

次にオーストラリアの連邦制の下では、連邦政府の関与が基準の設定と財政支援に限られ、実質的には各州が財政面を含めた大きな権限を持っているため、インクルーシブ教育の促進は各州によるところが大きい点である。

関連して1973年のKarmel報告及び2011年のGonski報告に見られるように障害者の教育のインクルージョンが、不利な状況にある子どもたち全体の教育達成と格差に対応する財政支援というより広い文脈の中で提起されていることである。連邦政府の関与が財政支援に焦点化されやすいという背景もあるが、障害児の教育を教育全体の課題として位置付けており示唆に富む点である。

最後に一連の改革に際して各種調査で多くのヒアリングと意見提出が実施され、各調査の勧告事項に対してオーストラリア政府が明確な判断根拠を示して回答している点である。上院調査委員会の勧告やDSE見直しの勧告に対して同意あるいは基本的に同意としながら実施されていない点は第2回審査でも指摘されているところであるが、改革の方向性の合意形成を図っていく過程としてはかなり透明性のある過程である。

オーストラリア政府が権利委員会に対して確認を求めた特殊学校、通常学校における支援学級など分けられた場での教育が権利条約24条の義務に

反するか明確な回答がなされていないが、政府、市民社会共に国際人権法の解釈上で根拠を示した議論がなされている点は示唆に富むように思われる。なお、この選択権の議論についてはオーストラリアにおいては障害のある生徒の9割は通常学校に在籍しているうえでの議論であることも留意すべきであろう。

　結論にかえて、オーストラリアにおける2回の審査間の動きを概観してきたが、この取り組みから第1回審査を終えた日本への含意を引き出すならば、まずは一定規模のヒアリングを含む現状の把握とその結果に基づいた透明性のある形での議論であろう。上記で取り上げた調査は全て一定数のヒアリングを実施しており、ヒアリングに基づく提言に関してオーストラリア政府は根拠とともに明確な回答を提出している。

　加えて障害者差別解消法に基づく差別の禁止や合理的配慮をいかに学校現場で保証していくかも重要な論点である。この点はオーストラリアが2005年から取り組んできた点であり、学ぶところが多いように思われる。合わせて障害児教育のみの課題としてではなく、高等教育への参加のような教育格差全体の課題としての議論と教育財政と関連させた議論が必要である。

　最後に障害者権利条約委員会一般的意見4号に沿ったインクルーシブ教育促進の方略の策定である。これは差別禁止と合理的配慮の確保のみでは、通常学級におけるインクルージョンが進むとは限らないというオーストラリアの事例から言えることであるが、通常学級への資源の振り分けや"Gate Keeping"への対応を含めた方略の議論が必要である。

　2026年に予定されている日本の次回審査に向けて、今回の総括所見による指摘事項のみならず、上述の観点からも政府と市民社会の間で議論を進めることが、今後の日本のインクルーシブ教育の発展には必要である。

　注
（1）　障害者権利条約や日本の障害者差別解消法等においては、Reasonable Accommodationの訳語である合理的配慮が使用されているが、本稿ではオーストラリアのDDA等で使用されるReasonable Adjustmentに沿って合理的調整と記載する。

引用文献

玉村公二彦 片岡美華 (2014). オーストラリアにおける障害者権利条約批准と特別教育の方向. 教育実践開発研究センター研究紀要. 奈良教育大学教育実践開発研究センター. 23 pp131-137.

ALL MEANS ALL THE AUSTRALIAN ALLIANCE FOR INCLUSIVE EDUCATION. (2017). Submission Australia Article 24 Committee on the Rights of Persons with Disabilities 18th Session.

ALL MEANS ALL THE AUSTRALIAN ALLIANCE FOR INCLUSIVE EDUCATION. (2019). Submission Combined Second and Third Periodic Report of Australia– United Nations Convention on the Rights of Persons with Disabilities.

AUSTRALIAN CIVIL SOCIETY PARALLEL REPORT GROUP. (2012). Disability Rights Now: Australian civil society shadow and baseline report to the UN Committee on the Rights of Persons with Disabilities.

Australian Civil Society CRPD Shadow Report Working Group. (2019). Disability Rights Now 2019: Australian Civil Society Shadow Report to the United Nations Committee on the Rights of Persons with Disabilities (2019) in response to the List of issues prior to the submission of the combined second and third periodic reports of Australia

Australian Government. (2012). Implementation of the Convention on the Rights of Persons with Disabilities Initial reports submitted by States parties under article 35 of the Convention

Australian Government (2015). Australian Government Initial Response to the 2015 Review of the Disability Standards for Education.

Australian Government. (2016). Submission of the Australian Government Day of General Discussion on the Right to Education for Persons with Disabilities.

Australian Government. (2017). Australian Government response to the Senate Education and Employment References Committee report: Access to real learning: the impact of policy, funding and culture on students with disability.

Australian Government. (2019). Combined second and third periodic reports submitted by Australia under article 35 of the Convention.

Australian Human Rights Commission. (2017). Information for List of Issues Prior to Reporting– Australia

Australian Human Rights Commission. (2019). AUSTRALIAN HUMAN RIGHTS COMMISSION SUBMISSION TO THE UNITED NATIONS COMMITTEE ON THE RIGHTS OF PERSONS WITH DISABILITIES Information concerning Australia' s compliance with the Convention on the Rights of Persons with Disabilities

de Bruin, K. (2022). "Learning in the shadow of eugenics: Why segregated schooling persists in Australia". Australian Journal of Education, 66 (3), 218-234.

Disabled People' s Organization' s Australia (2017). Submission to the

Committee on the Rights of Persons with Disabilities List of issues [Australia] to be adopted during the 18th Session of the Committee on the Rights of Persons with Disabilities.

Forlin, C. (2006). "Inclusive education in Australia ten years after Salamanca". European Journal of Psychology of Education, 21 (3), pp265-277.

Gallagher J. & Spina N. (2021). "Caught in the frontline: examining the introduction of a new national data collection system for students with disability in Australia". International Journal of Inclusive Education, 25:12 pp1410-1424.

Gonski D, Boston K, Greiner K, Lawrence C, Scales B and Tannock P (2011) Review of funding for schooling: final report. Department of Education, Employment and Workplace Relations, Australian Government.

Senate Standing Committee [on Education and Employment]. (2016). Access to Real Learning: The Impact of Policy, Funding and Culture on Students with Disability.

Sinclair, M. P., & Brooks, J. S. (2022). "School funding in Australia: A critical policy analysis of school sector influence in the processes of policy production". Education Policy Analysis Archives, 30, 16-16.

United Nations (Committee on the Rights of Persons with Disabilities). (2013). Concluding observations on the initial report of Australia.

United Nations (Committee on the Rights of Persons with Disabilities). (2017a). List of issues prior to the submission of the combined second and third periodic reports of Australia

United Nations (Committee on Economic, Social and Cultural Rights). (2017b). Concluding observations on the fifth periodic report of Australia

United Nations (Committee on the Rights of Persons with Disabilities). (2019).Concluding Observations on the Combined Second and Third Periodic Reports of Australia.

Urbis. (2015). 2015 Review of the Disability Standards for Education 2005.

特集：特別支援教育中止勧告の衝撃と学校改革

"STOP！分離教育" を胸にジュネーブへ

名谷和子（障害児を普通学校へ・全国連絡会運営委員）

　「障害児を普通学校へ・全国連絡会」の2022年９月10日付け発行の会報には「速報！号外！」が挟み込まれました。そこには「国連障害者権利条約の総括所見が出ました‼ 権利委員に私たちの思いが届きました！ ジュネーブに派遣団を送った成果が反映されたすばらしい内容です」と書かれてありました。

　こんな勧告が出るための派遣団奮闘記をお伝えします。

１．３組の親子をジュネーブへ

　私の所属する「障害児を普通学校へ・全国連絡会」（以下、全国連）は障害があっても地域の学校に行きたいという親子の声に応えて、1981年に「障害児が普通に学校へ行けるように」を共通の願いとして出発しました。以来、地域の普通学級で障害のある子も障害のない子も共に学ぶ教育を求めて、40年以上にわたり活動をしてきています。

　全国連では2019年６月に公教育計画学会（以下、本学会）と共同でパラレルレポート（以下、パラレポ）を作成し国連障害者権利委員会に提出しました。同年９月のプレセッション（障害者権利委員と日本政府事前質問事項採択会議）には、全国連の運営委員でもある一木玲子さんと本学会の福地健太郎さんがジュネーブに行き、障害者権利委員に私たちが求める質問項目を直接訴えました。

　2022年８月コロナ禍により延期されていた本審査がやっと開催されることになり、全国連では、パラレポ作成委員会を再開し、審査が延期された二年の間もインクルーシブ教育とは真逆の分離教育が進んでいる事実を書き加えてパラレポを提出しました。そしてより良い勧告が出るよう、現地でのロビー活動を行うために派遣団を送ることにな

り、参加者を募ると青木宏美さん、五十嵐玉枝さん、立畠さと子さんが
それぞれ中３、19歳、小３のお子さんと共に参加すると声をあげてくれ
ました。教育に関する当事者は、子どもと保護者です。日本の教育の実
情を当事者である親子が権利委員に直接訴える、それは全国連だからこ
そできること、やらなければならないことでした。私は運営委員として
３組の親子をサポートする立場で派遣団に加わり、2019年にも国連の会議
に参加している一木玲子さんをリーダーに全国連は８人をジュネーブに
派遣することになりました。渡航費用補助のためのカンパを募りました
が、目標を超える金額が集まりました。中には辛く悔しい思いをするの
は自分たちだけでいいという一言が添えてあるものもあり、全国連40年
の歴史を感じるものでした。

２．実名をあげてよりリアルに

　24条の教育に関しては、日本障害フォーラム（以下、ＪＤＦ）や日本
弁護士連合会（以下、日弁連）もそのパラレポの中で取り上げています
が、24条に特化したパラレポを提出しているのは、全国連（本学会との
共同）と「インクルーシブ教育情報室」（以下、情報室）と
「TOYONAKAWAKATSUDO」の４団体でした。情報室は一木さんが立
ち上げたインクルーシブ教育に関する情報をホームページから発信して
いる団体です。そのメンバーの一人の佐藤雄哉さん（東京大学大学院教
育学研究科研究員）がジュネーブに行かれました。「TOYONAKA
WAKATSUDO」は障害当事者の上田哲郎さんの会です。上田さんは豊中
市で共生共学の教育を受けてきた方で、ご自分の経験から４・27文科省
通知は許すことはできないと、通知の取り消しを求めるパラレポを提出
し、介助者と一緒にジュネーブに行かれました。
　４団体のメンバーは「ジュネーブ派遣団」というグループラインを作り
連絡を取り合い、ズーム会議を重ねて準備を進めていきました。パラレ
ポを出した団体は、日本審査の前に開かれるプライベートブリーフィン
でスピーチすることができましたが、その時間はわずか３分間だけです。
プライベートブリーフィングは19日午後と22日午前の１時間ずつですが、
この時点で、総括所見の草案はほぼ出来上がっていて、ブリーフィング

は、委員が総括所見案は妥当か、追加事項がないかを確認して、総括所見を一部手直しするためのもので、思いを訴えるのではなく、委員の質問に答える場だとJDFの方から説明を受けました。

　3分間のスピーチで委員から多くの質問を引き出し、答える機会を得てさらに思いを伝えることが、私たちに課せられたミッションでした。会議ではいかに効果的に伝えるか、その内容の検討を重ねました。当日委員の手元に配布されるスピーチを補強するための資料をA4版1枚にまとめ、英訳したものを国連に送りました。そこにはご本人の了承を得て、実名で事例を紹介しました。よりリアルに日本の実情を伝えるためです。文中の五十嵐健心さん、立畠豪さん、青木サラさんはジュネーブに行きました。3人のお母さんたちは、それぞれに自分のお子さんのことを英語でスピーチしました。当事者の親子が直接訴えることはインパクトがあったはずです。

【現地で委員に配布した資料】
　我々はパラレルレポートで、日本のインクルーシブ教育政策の問題点を6点提示していますが、とりわけ以下の3点について勧告を強く求めます。
　（1）日本政府が障害者権利条約を正しく理解すること
　（2）障害のある子どもの小・中の通常学級への就学を拒否しないこと。知的障害児を排除している高校大学の選抜制度を改めること
　（3）障害者権利条約に規定するインクルーシブ教育の定義を、日本の全ての教育者が正しく理解する研修をすること。研修は医学モデルではなく人権モデルとすること
　勧告を求める理由
　（1）を求める理由
　日本政府は、特別支援学校、特別支援学級、通級指導教室といった、「能力が劣る」「画一的な一斉授業の妨げ」と学校側が判断する子ども（以下、便宜的に「障害児」という）を、分離教育する制度を拡充し、排除される障害児が年々増えています。
　（2）を求める理由
　障害児が通常の学級に入るためには、常に学校や教育委員会と闘い、不必要なやり取りをしなければなりません。4つの事例を紹介します。はじ

めの2つは、政府に入学が許可されるよう実名で訴え続けています。3つ目は合理的配慮を政府に求め訴えました。

①光菅和希さんの事例

パラレルレポートの通り、小学校への就学を拒否されたため裁判を起こしました。隣の自治体に引っ越して、やっと通常の学級で学ぶことができましたが、裁判は今も続いています。

②佐野涼将さんの事例

人工呼吸器を使う佐野涼将さんは、兄弟と同じ小学校への入学を希望しましたが、教育委員会は2年生になったら転校させると約束をし涼将さんは特別支援学校に入学することになりました。1年生では週2日小学校に交流及び共同学習に通いました。1年生の三学期、約束は反故にされ地域の学校の校舎に入ることも拒否されました。毎朝子どもたちと校舎の入り口で挨拶を交わした後、隣の公園でフェンス越しの交流を続けて現在4年生になります。

③住谷栞音さんの事例

重度の障害がある彼女は、高校受験において合理的配慮が受けられず不合格となりました。

④五十嵐健心さんの事例　母親からの話

健心は「高校が一番楽しかった」と言います。理解のある校長や優しいお友達がいたからだと思います。しかしながら、もう一度行きたいかと聞くと首を横に振ります。試験の点数が取れないため家の近くの高校に入れませんでした。筋力の弱い健心は、体育で長距離マラソンを強いられて翌日歩けなくなりました。高校を卒業し、大学進学を希望しましたが、知的障害者の合理的配慮がない大変な受験を経験し不合格となり、健心は「僕は大学生になりません」と言いました。支援団体の応援を受けて小中高と進んできた健心の大学進学は夢となりました。

（3）を求める理由

普通学級に就学しても、人権モデルに無理解な教員に子どもたちが苦しめられている2つの事例を紹介します

①立畠　豪さんの事例—母親からの話

通常の学級籍を認められた小学3年生の豪は、「学校はたのしい」と夏休みでも行きたがります。担任や子どもたちにとって豪がいることが当た

り前になっているので、豪は喜んで学校に行っています。

　しかし、入学時は特別支援学校を何度も勧められ、就学相談の結果が出ないと通常の学級での入学はできないとも言われました。入学後は、発語ができないと同級生が嫌がると言われ、週に２、３回学校を早退してSTの指導を受けるよう勧められました。学年が上がると学習についていけないと言われ、別の場所・別の教材での教育を勧められました。

　②青木サラさんの事例―母親からの話

　教員から私への言葉です。「特別支援学級の子ども達は日々厳しくしつけが行われるから、社会に出て困らない。通常の学級ではそのようなしつけはできないから通常の学級にいるあなたの子どもの将来が心配だ。」

　「私のクラスの生徒は体育祭で頑張ったのに、あなたのお子さんが負担になったから負けたんです。」このような担任の態度がクラスに広まり、サラにとって学校は安心な居場所でなくなり、行きたがりません。

３．出発までのあれこれ

　出発までにはスピーチ内容の検討の外にも、いくつかの取り組みをしました。

　マスコミ対応にも力を入れ、これまでつながりのあった記者に連絡を取り、取材をお願いしました。出発前には、「障害児を普通学校へ　スイス国連権利委へ当事者派遣　日本政府への勧告求める」「障害児分離しない教育を　親子３組　国連で訴えへ」の見出しで数紙に記事が載りました。

７月29日、全国連の事務所で新聞記者の方々から取材を受けた後、そろいのTシャツを着て、駅前でカンパのチラシをまきました。

　お母さんたちからの発案で、胸には「STOP！ 分離教育」、背中には「Nothing about us, without us！」とプリントされた揃いのTシャツも作りました。私たちはジュネーブでの会議には常にこれを着て参加しましたが、赤・ピンク・ブルー等カラフルで、目立っていたと思います。

　スピーチはたった３分間、もし質問が無ければ、他に話すことはできませんので、ブリーフィンの時間以外に個別に委員に会う機会を作らなくてはなりませんでした。青木さんがお子さんの様子を詳しく書いたメールを出し、ヨナス・ラスカスさん（リトアニア）とサオラック・トーンカイさん（タイ）とそれぞれ30分間の面会のアポイントを取ってくれました。

　気を揉むこともありました。第７波の到来で感染者数が連日増え続けていた中でのコロナ対応です。コロナに感染したらジュネーブに行くことができませんから、そのことにも人一倍気を使いましたが、心配したのは渡航中にコロナに感染してしまったらということです。搭乗前72時間以内にPCR検査を受け陰性証明がなければ帰国することができなかったからです。陽性判定が出れば、帰りのチケットをキャンセルしなくてはなりません。新たにホテルも確保しなくてはなりません。なかなか陰性反応が出ず帰国できなかったという新聞記事を目にして、不安は募るばかりでした。コロナ対応保障が含まれている海外旅行保険に加入することが必須で、コロナ対応マニュアルを作り派遣団内で共有しました。日本では無料で受けられたPCR検査ですが、スイスでは大変高額で、円安も重なり、私は160スイスフラン（約23,000円）も支払いました。

　そして、会議への参加登録をしても国連本部の建物内に入るための入行証（顔写真付きのパス）の手続きがなかなか完了しなかったことです。他の団体の方からはそのデータが国連事務局から届いていると情報が入ってくるのですが、私たちにはなかなか届きませんでした。語学力が無くPC操作も苦手な私は、自分から確かめることもできず、佐藤さんや一木さんに何度も国連事務局に問い合わせのメールを出してもらい、出発の４日前にやっとデータを手にすることができました。それでも、これで本当に国連の建物の中に入れるのだろうか、せっかく行ったのに手続きの不備で入館できなかったらと不安でした。前日に現地入りをし、ホテル到着後すぐに国連本部へ行き、受付でプリントアウトしたデータとパスポートを提示して、入行証をもらった時には、本当にほっとしました。

080

　しかし私にとって最大のできごとは、派遣団団長の一木さんが直前に参加を断念されたことでした。事前に相談があった時には、悩んでいる彼女に、体調を最優先すべきだと言ったものの、これは困ったぞというのが正直な気持ちでした。でも一番、悔しい思いをしているのは一木さんですから、その思いを受け止め自分に課せられた責任を果たそうと心して日本を発ちました。一木さんはメールやラインで随時必要な情報や指示をジュネーブに送ってくれましたし、オンラインで会議にも参加してくれました。私も緊急な時にはライン電話で相談していましたから、日本にいるときよりも密に連絡を取っていたくらいでした。一木さんからは、ジュネーブ時間で対応していたので時差ぼけになったとうかがっています。4団体のメンバーと家族総勢15名は現地でも「チーム一木」として行動していました。

3．ミッション遂行
　プライベートブリーフィングは非公開ですので、その様子を具体的にお知らせすることはできませんが、開会前に撮った写真でみなさんの高揚感をお伝えします。

やっと手にした入行証

ロビーでのスピーチリハーサル。子どもたちはお母さんから名前を紹介されたら旗を振ってアピールすることにしました。

　私はその日、日本の全国連のメンバーに「子どもたち、お母さん、頑張ってくれました。英語のスピーチもカッコ良かったです。教育について沢山の質問が出て、まずは、ミッション成功です。みんなのいい顔を見てください。」とメールと写真を送りました。メモを取るのが大変なくらい多岐にわたって教育に関する質問があり、私はその時点で、任務遂行の達成感と安堵感に浸っていました。

やったぞ！ という顔のチーム一木のメンバー

この席から、スピーチしました。

　しかし、質問が多いということは回答も多く準備しなくてはならなかったのです。ブリーフィング終了後すぐに各団体の代表者が集まり、1つの質問に対して回答は1つで1分以内の時間厳守、翌日の17時までに日本語と英訳版の回答原稿をJDF事務局まで提出することが確認されました。

2日目の会議の前、日弁連も含めて回答が7分でおさまるか、
ストップウォッチで計って、リハーサル。

その夜ホテルのロビーに集まり、佐藤さん、上田さん、本学会の田口康明さん、日弁連の大谷恭子さんで教育に関する質問内容の分析と回答の分担を決めました。

　出発前には20日（土）21日（日）は休日なので観光ができると、世界遺産の葡萄畑を歩いてワインを飲もうなどと計画を立てていたのですが、甘かったです。子どもたちには家族で楽しんでもらいましたが、20日の午前中はズーム会議で回答原稿の検討、午後はそれを佐藤さんが英訳し、約束の時間に一木さんが事務局に送りました。私がその日ホテルの外に出たのは昼食とおやつの買い出しのときだけでした。

　翌日は、佐藤さんや上田さんにもスイスを楽しんでもらったのですが、私はホテルにいました。いつ、どんな連絡が入ってくるかわからないと思ったからです。予想は的中、朝、事務局から、「回答が多く、時間内におさまらないので回答者数を28に絞った。教育に関しては8分。そのうち1分間はJDFが担当し、残りの7分間を日弁連とチーム一木で担当するように提案したいがどうだろうか。10時までに回答を」との電話がありました。早速、一木さんと相談し、28分中、8分を教育にあてられているのだから了承しますと返事をしました。すぐに、7分間を日弁連2分、チーム一木5分に分けて回答するという提案をもって大谷さんのホテルに向かい、

了承を得ました。

　次に事務局から入った連絡は、5分間の回答原稿を英訳と共に17時までに送付とのことでした。その日は17時ホテル集合ということでみなさん観光に出かけていたのですが、急遽、「15時までに帰ってきてください」とラインを送りました。時間的に新たに原稿を検討して書き直すことは難しいので、用意した7本の原稿を5本に絞り、残りの回答原稿は、文書で送ることにしました。

　私たちのミッションのもう一つは、出発前に青木さんがアポを取ってくれていた権利委員へのロビー活動でした。

ラスカスさん、キムさんとのロビー活動

サオさんとのロビー活動

　ラスカスさんとの面談には、キム・ミヨンさん（韓国）も来てくださいました。お二人は日本報告担当者です。委員からの質問を受けながら、川崎裁判の経過や、今、相模原市でおこっていることなどを詳しく伝えました。最後にラスカスさんが「つまり日本の障害者施策は後退しているとい

うことですね」とおっしゃったときに、私たちは練習もしていないのに「イエース」と口をそろえて答えました。ラスカスさんは苦笑いをされていたように感じました。

　サオさんとの面談には、はじめに自分たちの考えをきちんと伝えようと、発言者とその順番も決めて臨みました。一人ひとりサオさんの隣に座り、パソコンの原稿を見せながら話をしました。サオさんは熱心に聞いてくださいました。

　面談には、出発前にお願いしていたジュネーブ在住の斎藤記子さんが通訳として参加してくださいました。

　面談は30分ずつでしたが、生の声を届けることができたと思います。

4．会議が終わっても

　ブリーフィング後の日本審査は傍聴をしていましたが、最終日の朝、終了後にするべきこととして一木さんから3つのミッションが届きました。

　①文科省、外務省の担当者に挨拶をすること

　②文科省に話をしに行くこと

　③お礼のメールを出すときに必要なので、なるべく多くの委員と記念写真を撮ることでした。分担を決めてそれぞれに取り組み、私は、外務省と文科省の方のところに行き、名刺交換をしました。

最後に日本からのNGOメンバー全員で記念写真

　全員での記念写真を撮り終わると、文科省の答弁があまりに酷いので、私と佐藤さん田口さん上田さんは、1階のカフェで以下の文章を書きあげました。それを英訳してその日の3時までに全権利委員に送ることを一木さんにお願いして、国連の建物を後にし、お疲れ様会会場のレストランへと向かいました。

記念写真をお願いします

【本日の政府答弁を踏まえた市民社会の意見】

インクルーシブ教育情報室
障害児を普通学校へ・全校連絡会
公教育計画学会
TOYONAKAWAKATSUDO

　委員の皆様、二日間にわたる建設的対話に積極的にご参加いただきありがとうございました。第24条に関する日本政府の答弁について、懸念事項がありますので、以下に示します。

　①障害のある子どもの就学先決定について
　最初の2回の文部科学省の答弁では、本人・保護者の意思に基づいて就学先を決定されると虚偽の説明をしました。3回目の答弁でようやく、本人・保護者の意向を最大限尊重し、学校の設置者である教育委員会が決定するという現行の制度を正しく説明しました。この本人・保護者が就学先

を選択できないという制度により、本人・保護者が普通学級を希望しても教育委員会が拒否をして特別支援学校や特別支援学級に決定したため、裁判になるケースや、特別支援学校を拒否したために学校教育自体が受けられないケースもあります（全国連のパラレポ参照）。日本政府は障害児の普通学級に行きたいという自己決定権を尊重していないということです。我々は、障害児が普通学級に就学できるような法改正を強く求めている。

②普通学校での障害児の増加について

　文部科学省の答弁では、健常児と「同じ場で」学んでいる障害児の数が倍増していることを説明し、インクルーシブ教育が進んでいると説明しました。非常にびっくりしました。文科省がいう「同じ場」とはどこなのか。考えられることとしては、普通学校の中にある特別支援学級も含めている可能性があります。ですが、多くの特別支援学級は障害児だけが集められている場で健常児と一緒に学ぶ時間はほとんどなく分離教育ですのでインクルーシブ教育ではありません。もうひとつ考えられることは、普通学級に在籍して通級を受けているADHDやPDDなどの障害の子どもが増えていることを指している可能性があります。日本では、この20年間、これらの行動障害の診断を受けている子どもが急激に増加しており過剰診断や薬物の過剰投与が問題になっています。背景としては普通学級が競争的で規律に厳しいことがあります。それらの子どもが普通学級に在籍して通級指導をうけたり、特別支援学級に在籍したりしており、通級が普通学級からの排除の場になっています。つまり、インクルーシブ教育が進んでいるとはいえず、むしろ分離教育の強化といえます。

③学年が進行するにつれて特別支援学校を選ぶ本人・保護者が増加していることについて

　文部科学省は、本人・保護者の意向を尊重した結果だと主張していました。文部科学省はその理由として、学年進行につれて学習内容が難しくなっているから、と説明していましたが、これは知的障害児のインクルーシブ教育は不可能であるという本音を露呈したと言えます。学習内容が難しくなるならば、それに対応した合理的配慮がなされて、子どもたちが一緒に学ぶことがインクルーシブ教育のはずです。文科省には日本の学校をイ

ンクルーシブなものに変えようとする意図がまったくないことがうかがえます。

④心のバリアフリーについて

　文部科学省は学校で「心のバリアフリーノート」を配布していることが社会モデルの啓発になっていると言っていましたが、「心のバリアフリーノート」は、温情主義で障害者を哀れんで助けようとする内容で、人権モデルの啓発にはなっていません。したがって、人権モデル・社会モデルと「心のバリアフリーノート」とは全く関係のないものです。

⑤交流および共同学習の拡大について

　文部科学省は、インクルーシブ教育を推進するためにこれからも交流および共同学習を拡大させる方向であると述べていました。文部科学省は、この交流および共同学習を進めることがインクルーシブ教育の進展であると解釈しています。しかし、交流や共同学習は、特別支援学級や特別支援学校の障害児と普通学級の健常児が一定の時間一緒に学ぶというもので、分離教育が前提となっています。つまり、文部科学省には、普通学級をインクルーシブな場にしようという方向性が全くないということです。このようなインクルーシブ教育への誤解があるために、特別支援学級の障害児が普通学級で学ぶ時間を制限する2022年4月27日付け通達が出されて分離教育が強化されようとしているのです。

　以上が、ジュネーブ派遣団の奮闘の記録です。勧告を読んだ時は、私たちの頑張りが反映されていてジュネーブに行った甲斐があったと思ったのですが、その後の文科大臣の発言を知り、ジュネーブに行くより、帰ってきてからの方が大変だと思っている次第です。

> 特集 ：特別支援教育中止勧告の衝撃と学校改革

障害者権利条約第1回日本審査総括所見 インクルーシブ教育に関連する懸念と勧告

インクルーシブ教育情報室・訳

United Nations　　　CRPD/C/JPN/CO/1
Convention on the Rights of Persons with Disabilities
Distr.: General 7 October 2022
Original: English

Ⅰ、Ⅱ　省略

Ⅲ. 主な懸念事項と勧告

A.　一般原則と義務（第1条〜第4条）
7.　委員会は次のことを懸念している。

（a）障害のある人に関する国内法および政策が、条約にある障害の人権と調和していない。この結果、障害のある人に対する父権主義的なアプローチを永続させていること。

（b）障害の資格・認定制度などを定めた法律、規制、実践が、障害の医学モデルを永続している。このため、より集中的な支援を必要とする人（重度障害者）、知的、心理社会的、感覚的障害を持つ人が、障害と能力の評価に基づいて、障害手当や社会参加の施策から排除されている。

（c）「精神的な無能力者」「精神錯乱」「心神喪失」など障害のある人を軽蔑する用語がある。また「身体または精神の障害」に基づく欠格条項などの差別的な法的制限が存在する。

（d）とくに次の言葉には、条約と違う意味として訳されている。「インクルージョン」「インクルーシブ」「コミュニケーション」「アクセシビリティ」「アクセス」「特定の生活様式」「パーソナル・アシスタンス」「ハビリテーション」。

（e）移動の支援、パーソナル・アシスタンス、コミュニケーション支援など、地域の障害のある人に必要なサービスや支援を提供する際、地域や

自治体で格差がある。

8. 委員会は日本に対し次を勧告する。

(a) 障害のある人に関連するすべての国内法と政策を、条約と調和させること。その過程では、他の者と同等の権利保持者として、すべての障害のある人とその団体（特に知的障害のある人や、心理社会的障害のある人）と緊密な協議を行う。

(b) 障害者資格・認定制度など障害の医学モデルの要素を排除するために、法律と規制を見直すこと。 それは、機能障害にかかわらず、障害のあるすべての人が機会均等と完全な社会参加のために必要な支援を受けるために欠かせない。

(c) 国と自治体の法令で、「身体または精神的障害」に基づく軽蔑的な言葉と法規則、欠格条項を廃止すること。

(d) 条約のすべての用語が日本語に正確に翻訳されること。

(e) 移動の支援、パーソナル・アシスタンス、コミュニケーション支援など、地域における障害のある人への必要なサービスや支援の提供で、地域間・自治体間格差をなくすために、必要な立法措置や予算措置を講じること。

9. 委員会はさらに次を懸念する。

(a) 法律や公共政策に関する協議（内閣府の障害者政策委員会、自治体のアクセシビリティに関する委員会など）に障害のある当事者やその団体が十分に関わっていない。

(b) おもに優生思想や能力主義的な考え方のために起きた、2016年の津久井やまゆり園障害者施設殺傷事件に対して、包括的な対応が欠如している。

(c) 次の職種の間で、条約で述べられている権利について限定的に認識されている司法および司法部門の専門家、国・地方自治体レベルの政策立案者および議員、ならびに教員、医療、保健、建築設計およびソーシャルワーカー、その他障害のある人と関係のある専門家。

10. 委員会は、条約第4条（3）及び第33条（3）に関する一般的意見第7号（2018年）をならって、日本に対して次を勧告する。

(a) 国や自治体レベルの公的な意思決定過程で、代替コミュニケーショ

ン・アクセシビリティ・合理的配慮の手段を用いながら障害のある人の多様な団体と活発で有意義で効果的な協議をすることが必要がある。協議では、障害のある人の自己啓発や、知的障害のある人、心理社会的障害のある人、自閉症のある人、障害のある女性、障害のあるLGBTIQ+の人、地方に住む障害のある人の団体、より集中的に支援を要する人（重度障害者）に注目することが大切である。また協議内容は、持続可能な開発目標（SDGs）の実施と監視、報告なども含まれる。

　（b）　優生思想や能力主義的な考え方をに抗する立場から津久井やまゆり園障害者施設殺傷事件を検証すること。また、社会でそのような考え方を助長したことに対する法的責任を確保すること。

　（c）　障害のある人の団体と緊密に連携し、次の職種に就いている人に、障害のある人の権利や条約の締約国の義務に関する体系的な研修（capacity-building）プログラムを提供すること。司法及び司法部門の専門家、政策立案者及び議員、教員、医療、保健及びソーシャルワーカー並びに障害者と関係のある他のすべての専門家。

11.　委員会は、日本が条約の選択議定書をまだ批准していないことに留意する。また、条約第23条（４）（訳注　父母から分離されないこと）に関連する日本の解釈宣言（訳注　※）は良くない。

　※（訳注）

　第23条４は、権限のある当局が子どもの最善の利益のために父母との分離が必要と決定する場合を除くほか、子どもがその父母の意思に反してその父母から分離されないことを確保する旨規定しており、子どもの権利に関する条約第9条1にも同様の規定が置かれている。我が国は、子どもの権利に関する条約の締結に当たり、同条約第９条１は出入国管理法に基づく退去強制の結果として子どもが父母から分離される場合に適用されるものではないとの解釈宣言を行っているため、この条約の締結に当たっても同様の宣言を行う。

（日本弁護士連合会、「日本弁護士連合会：障害者の権利に関する条約　日本の批准状況」、https://www.nichibenren.or.jp/activity/international/library/human_rights/shogai_ratification.html、アクセス日：2023年１月19日）

12.　委員会は、日本に対し、条約の選択議定書を批准し、条約第23条（４）に関連する解釈宣言を撤回するよう奨励する。

B. 特定の権利（第5～30条）

第7条　障害のある子ども

17　委員会は以下について懸念する。

(a) 母子保健法で規定されている早期発見・早期療育システムは、障害のある子どもたちを、医療検査を通じて社会的に分離し、彼らを地域やインクルーシブな生活から遠ざけている。

(b) 児童福祉法など障害のある子どもに関わるすべての法令において、自らの意見が聞かれ、自らに影響を与えるすべての事項に関して自由に意見を表明する権利を、障害のある子どもが有しているということについて、明確に認識されていない。

(c) 家庭、代替ケア（alternative care）、デイケアで、障害のある子どもを含む子どもへの体罰が完全に禁止されていない。また、障害のある子どもに対する虐待や暴力を防止し、彼らを保護する措置が不十分である。

18.　国連子どもの権利委員会と国連障害者権利委員会の共同声明（2022年）を参照し、障害のある子どもの権利について、委員会は日本に対し以下のことを勧告する。

(a) すべての障害のある子どもの完全なソーシャル・インクルージョンへの権利を認めるという目標をもって現行法を見直すこと。また、そのために必要なすべての措置を講じること。具体的には、平等の観点から障害のある子どもが他の子どもと同様、早期から一般的な保育制度を完全に享受できるように、ユニバーサルデザイン、合理的配慮、特に情報およびコミュニケーションの代替・拡張手段を提供することなどの措置を含む。

(b) 障害のある子どもが、他の子どもと平等に、自分に影響を与えるすべての事項について、意見を聞かれ、自由に意見を表明する権利を認めること。これは、裁判、教育委員会の就学先決定や役所の措置などの、司法および行政手続の場面も含む。その権利を実現するためには、障害及び年齢に応じた援助が提供され、アクセシブルな形式での対話が行なわれること。

(c) あらゆる場面で、子ども（障害のある子どもを含む）に対する体罰を完全かつ明示的に禁止し、障害のある子どもに対する虐待及び暴力の防止と保護のための措置を強化すること。

19条　自立生活と地域社会へのインクルージョン

41.　委員会は日本に対し、以下の点を懸念している。

（a）知的障害のある人、心理社会的障害のある人、障害のある高齢な人、身体障害のある人と、より集中的な支援を必要とする人（重度障害者）が、特に地域社会から離れたところでの居住施設（living arrangements）などで永続的に収容されていることによって家族および地域社会で生活する権利を奪われていること。また児童福祉法によって障害のある子ども（特に知的、心理社会的または感覚的障害のある子ども、より集中的な支援を必要とする子ども）が、様々な施設に永続的に収容されていることによって、家族および地域社会で生活する権利を奪われていること。

（b）公営・民間の精神科病院で、心理社会的障害のある人と認知症のある人の施設収容が助長されていること。特に、心理社会的障害のある人の期間に定めのない入院状態が続いていること。

（c）障害のある人は、どこに住むのか、どこで誰と生活するのかを選択する機会が制限されていること。特に、親を頼って親の家で生活している人、障害者総合支援法に基づくグループホーム等の特定の施設に入所している人にとって、上記の機会が制限されていること。

（d）居住施設や精神科病院に住む障害のある人を施設から出し、他者と平等に地域社会で自立して生活するための国家戦略や法的枠組みが欠如していること。また障害のある人が自律的であることや完全なソーシャル・インクルージョンの権利に関する認識が欠如していること。

（e）地域社会で自立して生活するための障害のある人の支援体制が不十分であること。例えば、アクセシブルで手頃な賃料・価格の住宅、在宅サービス、パーソナル・アシスタンス、地域社会でのサービスへのアクセスなど。

（f）地域社会での支援とサービスの支給決定の仕組みが、障害の医学モデルに基づいていること。

42. 自立した生活及び地域社会への包容（第19条）に関する一般的意見第5号（2017年）及び緊急時を含む脱施設化に関するガイドライン（2022年）を参照し、委員会は日本に対して以下のこと強く求める。

（a）障害のある子どもを含む障害のある人の施設収容を終わらせるための迅速な措置をとること。具体的には、障害のある人を居住施設に収容させるための予算を、障害のある人が他者と平等に地域社会で自立して生

活するための準備と支援へと割り当てること。

（b）期限に定めのないあらゆる入院を中止するために、精神科病院に入院している障害のある人のすべての事例を再調査すること。地域社会で必要な精神保健支援の提供に加えて、インフォームド・コンセントを確保し、自立した生活を営むことができるよう促進すること。

（c）障害のある人が、どこに住むのか、どこで誰と生活するのかを選択する機会を確保すること。また、障害のある人がグループホームなどの特定の施設に住むことを義務づけられず、自分の生活に関しての選択権と決定権を行使できるようにすること。

（d）障害者団体との協議の上、明確な期限のある達成目標と人的・技術的・財政的資源を伴う法的枠組みおよび国家戦略を立ち上げること。この法的枠組みおよび国家戦略は、障害のある人の自律と完全なソーシャル・インクルージョンの権利を認め、他者と平等に障害のある人が施設から地域社会での自立した生活に効果的に移ることを目的とすること。また都道府県にその実施を確保することを義務づける。

（e）障害のある人が地域社会で自立して生活するための支援体制を強化すること。これには、収容施設ではなく独立したアクセシブルで手頃な賃料・価格の住宅、パーソナル・アシスタンス、ユーザー主導の予算、地域社会でのサービスへのアクセスなどが含まれる。

（f）地域社会における支援とサービスの支給決定の仕組みを、障害の人権モデルに基づくものとなるよう改定すること。具体的には、障害のある人にとっての社会における障壁及び障害のある人の社会参加とインクルージョンのための支援に関する評価を含むこと。

第23条　家庭及び家族の尊重

49.　委員会は日本に対し、次の懸念をもっている。

（a）心理社会的障害を理由に離婚を認めることは障害に基づく差別であるが、それが民法（第770条）に規定されていること。

（b）障害のある子どもが家族から分離され、障害を理由に特定の社会様式である施設に収容されていること。

50.　委員会は日本に対し、次のことを勧告する。

（a）心理社会的障害を離婚の理由として認める民法第770条1項4号などの、障害のある人に対する差別である規定を撤廃すること。

（b）障害のある子どもが家族と共に生活する権利を認め、障害のある子どもの親（障害のある親を含む）が、育児を行う責任を果たせるようにすること。そのために日本は、早期介入および包括的支援を含む適切な支援を行い、障害を理由に家族が分離されることを防ぐことが必要である。関係の近い家族がケアできない場合には、（施設収容ではなく）家族のような形で、地域社会において代替ケアを提供するあらゆる努力を行うこと。

第24条　教育

51. 委員会は、以下の点を懸念している。

（a）医療に基づくアセスメントによって、障害のある子どもを分離する特別教育が永続していること。これによって障害のある子ども、特に知的または心理社会的障害のある子ども、および、より多くの支援を必要とする子ども（重度障害者）が通常の環境での教育を受けられなくなっている。同様に、普通学校における特別学級の存在も分離特別教育を永続させていること。

（b）受入体制の事実上の不備によって、障害のある子どもの普通学校への就学を拒否していること。特別学級の子どもが、半分以上の時間を普通学級で過ごすべきでないことを示す文部科学省の通知が2022年に出されたこと。

（c）障害のある子どもへの合理的配慮の提供が不充分であること。

（d）普通教育を担う教員のインクルーシブ教育に関するスキルが欠如していること、およびインクルーシブ教育に対して否定的な態度を示していること。

（e）普通学校において代替的かつ補強的なコミュニケーションおよび情報伝達手段（聴覚障害児のための手話言語教育や、盲ろう児のためのインクルーシブ教育などを含む）が欠如していること

（f）高等教育段階（大学入試および学修プロセスを含む）における障害学生にとっての障壁に対処する包括的な国の政策が欠如していること。

52. 委員会は、インクルーシブ教育の権利に関する一般的意見4号（2016年）および持続可能な開発目標4の目標4-5および指針4（a）を想起し、締約国に以下のことを強く勧告する。

（a）分離特別教育廃止を目的とする国の教育政策、法律および行政的取り決めによって、障害のある子どものインクルーシブ教育の権利を認める

こと。また、すべての障害のある子どもに対して、あらゆる教育段階で合理的配慮および必要とする個別の支援を提供することを保障すること。そのために、具体的な目標、時間枠および十分な予算を設定した質の高いインクルーシブ教育についての国の行動計画を採用すること。

(b) すべての障害のある子どものための普通学校へのアクセシビリティを保障し、普通学校が障害児の就学を拒否できないことを明確にする「就学拒否禁止」(non-rejection) の条項および政策を立てること。また、特別学級に関する文部科学省通知 (特別学級の子どもが半分以上の時間を普通学級で過ごしてはいけないことを示すもの) を撤回すること。

(c) 障害のある子どもの個別の教育上の要求を満たし、インクルーシブ教育を確実にするために合理的配慮を保障すること。

(d) 普通教育を担う教員およびインクルーシブ教育に関わる教員以外のスタッフへの研修を確実に行い、障害の人権モデルについての意識を育てること。

(e) 普通教育の環境において、補強的かつ代替的なコミュニケーション方法 (点字、読みやすく改編したもの (Easy Read)、聴覚障害児のための手話言語教育を含む) を保障すること。また、インクルーシブ教育の環境において、ろう文化を推進すること。盲ろう児がインクルーシブ教育にアクセスできるようにすること。

(f) 高等教育段階 (大学入試や学修プロセスを含む) における障害学生の障壁に対処する包括的な国の政策を進めること

IV. 重要事項の再確認 (Follow-up)
情報の周知

71. 委員会は、総括所見に含まれるすべての勧告の重要性を強調する。緊急に実施すべき措置として、委員会は、自立生活と地域社会へのインクルージョン (42) とインクルーシブ教育 (52) の勧告に、締約国の注意を喚起したい。

72. 委員会は、上記勧告を実施するよう締約国に要請する。委員会は、勧告を検討し実行するために、政府関係者及び国会議員、関係省庁及び地方公務員、教育、医療及び法律の専門家等の集団並びに、メディアに対して、現代におけるソーシャル・コミュニケーション手段を用いて、総括所見を周知するよう締約国に勧告する。

73. 委員会は、締約国に対し、次回以降の定期政府報告の作成において、市民団体、とりわけ障害当時者団体の参加を強く奨励する。

74. 委員会は、締約国に対し、日本語及び手話やその他の言語を用いて、読みやすく改編したもの（Easy Read）を含む分かりやすい方法で、非政府団体、障害当事者団体、障害当事者及び障害者の家族を含むすべての人に本総括所見を広く周知し、政府の人権に関するウェブサイトで入手可能にすることを要請する。

75. 委員会は、締約国に対し、第2回・第3回・第4回定期政府報告を2028年2月20日までに提出し、本総括所見の勧告の実施に関する情報も要請する。その際には、簡略化された報告手続き（SRP：Simplified Reporting Procedure）での報告の提出を要請する。委員会は、定期政府報告の提出締切の少なくとも1年前に、事前質問事項を準備する。同質問事項への回答が締約国による報告となる。

翻訳：インクルーシブ教育情報室
　（佐藤雄哉、能松真紀、尾上祐亮、池田賢市、一木玲子）

特別寄稿

**イタリアの家族会：そのルーツと
インクルージョンにおける展望**

098

特別寄稿

イタリアの家族会：そのルーツとインクルージョンにおける展望
Family associations in Italy: between roots and perspectives for inclusion

Antonello Mura

Professor Taeko Futami [a] futami@fukuoka-pu.ac.jp
Professor Antonello Mura [b] amura@unica.it
PHd. Ilaria Tatullib [b] ilariatatulli@unica.it
Professor Antioco Luigi Zurru [b] antiocoluigi.zurru@unica.it

[a] Department of Integrated Sociology, Faculty of Human Sociology,
Fukuoka Prefectural University, Japan
[b] Department of Literature, Languages and Cultural Heritage, University
of Cagliari, Italy
Translator Kawano Miho（Fukuoka Prefectural University Support
center）

　本稿は、著者全員が共有している意見と共同作業の結果により完成したものである。第1段落、家族会とインクルージョン： Taeko Futamiが、本領とする領域について述べている。 第2段落、家族会の起源と社会政治的役割についてのAntonello Muraの論である。 第3段落　アソシエーショニズム： Ilaria Tatulli によりインクルージョンのための新しいプロジェクトと活動について述べられている。結論はAntioco Luigi Zurruによるものである。

Abstract

In the perspective of Italian special-pedagogy research, aimed at supporting multidisciplinary reflection on the standards for the protection of the rights, identity and autonomy of persons with disabilities, the article describes the pioneering role played by family associations in the early development of school and social inclusion processes and outlines their current contribution.

──**概要**

　障害者の権利、アイデンティティ、および自律性を保護するための基準に関する多面的な考察を支援することを目的としたイタリアの特別教育学研究の観点から、本稿では、学校および社会的インクルージョンプロセスの早期の発展において家族会が果たした先駆的な役割と現在における貢献について述べる。

The historical reconstruction and the pedagogical analysis of the phenomenon bring to light the advocacy role played by the associations since their establishment and their contribution in shaping national historical and political events that, since the 1970s, have characterized the Italian approach to the integration of people with disabilities.

　──家族会の設置以来、国の歴史的および政治的イベントにおける会の貢献は、1970年代以降、障害者の統合に対するイタリアのアプローチを特徴づけており、その足跡の歴史的再構築と教育学的分析によって、家族会が担ったアドボカシーの役割が明らかになる。

Overcoming difficulties and initial marginalization, family associationism has become a milestone in supporting regulatory, socio-political and ethical-civil change processes, supporting and promoting project innovation and inclusion culture for the whole community.

　──多くの困難と初期の疎外を乗り越え、家族会は、法規、社会──政治的・倫理──市民的変革過程を支援し、さらにコミュニティ全体のためのプロジェクトの革新とインクルージョン文化を支援および促進することで、画期的な役割を果たしてきた。

Key words
Association, Family, Disability, Special Educational Needs, Inclusion
──キーワード

アソシエーション、家族、障害、特別な教育ニーズ、インクルージョン
Associationism and Inclusion: some matters for reflection
——**家族会とインクルージョン： 熟考すべきいくつかの事項**

A first historical look at associationism at international level shows a heterogeneous panorama of experiences, which reveals their fundamental role in supporting social integration,

to counter critical issues to which political and cultural institutions have failed to tackle concrete and adequate responses to the needs of people with disabilities.

——初めての国際的なレベルでのアソシアシズム（家族会）の歴史的考察は、異質な経験のパノラマを示し、社会的統合を支援する基本的な役割を明らかにするものである。政治的・文化的機関が障害者のニーズへの具体的かつ適切な対応に失敗してきた重大な問題に対抗するために。

However, for a long time, the association's contribution remained on the fringe of scientific interest and research.

——しかし長い間、家族会の貢献は、科学的興味や研究の周辺にとどまってきたにすぎない。

It was only between the end of the Twentieth Century and the early years of the Two Thousand that several surveys on the subject were launched and have highlighted the proactive role played by associations in bringing to social, political, educational and ethical attention issues concerning the recognition of fundamental human rights (Barnartt et al., 2001; Barnes, 1991; Braddock & Parish, 2001; Campbell & Oliver, 1996; de Anna, 2009; Dugelay, 2018; Fantova Azcoaga, 2000; Halvorsen et al., 2017; Mura, 2014; Van Amerongen, 2005).

——20世紀の終わりから2000年代初頭になって初めて、家族会に関するいくつかの調査が開始され、基本的人権の認識に関する社会的、政治的、教育的、倫理的な問題に関して、家族会が果たしてきた大きな役割が明らかになってきた。

The associations phenomenon has been considered from different perspectives in various Countries. In particular, in the Anglo-Saxon area, a distinction has been made between organizations for people with disabilities, such as charitable organizations and parents' associations, often made up of non-disabled people, and organizations of people with disability, mainly led by and established by the latter (Oliver, 1983).

——アソシエーション現象は、様々な国で異なる観点から考察されてきた。特に、アングロサクソン地域では、慈善団体や保護者会などの障害者のための組織（障害のない人々で構成されていることが多い）と、障害者が主に主導し設立した障害者の組織は区別されてきた。

In addition to distinguishing the two entities by their components, several research studies have shown the different aims to which disability associations for disability tend in comparison to those founded or established by persons with disabilities.

——組織の構成要素によって2つの存在を区別することに加えて、いくつかの調査研究は、障害のある人によって設立された組織と比較して、そうではない障害者団体が目指すものは、前者と傾向が異なることを示している。

Indeed, some authors have pointed out subtle tensions caused by the different perspectives and modalities of action to achieve goals.

——実際、一部の研究者は目的を達成する際に、さまざまな視点や活動様式によって引き起こされる微妙な緊張状態を示唆している。

In this sense, the motto "Nothing About Us Without Us" represents the expression of self-determination, which would potentially conflict with parental power in determining policies for persons with disabilities (Carey et al., 2019; Jones, 1998; Kittay, 2011; Landsman, 2008).

——そういう意味で、「Nothing About Us Without Us私たち抜きで私たちのことを何も決めるな」というモットーは自己決定を意味する表現であり、障害者のための方針を決定する際に、親の力と摩擦を起こす可能性

がある。

From the point of view of interest in the conditions of households, the recent research (Lalvani & Polvere, 2013; Montobbio & Lepri, 2000; Pavone, 2009) has also revealed and reformulated the prejudiced conceptions through which the literature for long, influenced by different cultural paradigms, considered families as units in a stressful situation, fragile, vulnerable and in need of assistance because they were distressed by the troubled child birth (Brazelton, 1990; Byrne & Cunningham, 1985; Farber, 1959, 1960; Mannoni, 1971; Minuchin, 1996; Montobbio & Casapietra, 1982).

――家庭の状況への関心という観点から、最近の研究（Lalvani & Polvere, 2013; Montobbio & Lepri, 2000; Pavone, 2009）は、障害者のいる家族がストレスの多い状況にあり、壊れやすく、脆弱で、問題のある子どもの出生に苦しんでいるために支援を必要としているという文献について、長期にわたる文化的パラダイムの影響を受けた偏見であることを明らかにし、その概念を再構築している。(Brazelton, 1990; Byrne & Cunningham, 1985; Farber, 1959, 1960; Mannoni, 1971; Minuchin, 1996; Montobbio & Casapietra, 1982).

Such readings are biased and tend to diminish the role of the family as a system capable of acting with specific educational expertise and strategies, such as resilience and coping, enabling them to manage the educational challenges related to their children's disability condition (Caldin & Giaconi, 2021, 2021; Mura, 2004, 2014, 2016; Zucchi & Moletto, 2013).

――上記のような偏りのある考え方は、レジリエンスやコーピングなど、特定の教育的専門知識と戦略を用いて子どもの障害状態に関する教育的課題を解決し、行動できるシステムとしての家族の役割を弱めてしまう。(Caldin & Giaconi, 2021, 2021; Mura, 2004, 2014, 2016; Zucchi & Moletto, 2013)。

Furthermore, a negative approach tends to omit the advocacy and emancipatory role now widely attributed to associations formed by families of persons with disabilities (Gu & Carey, 2014; Mura, 2004, 2007, 2009, 2014;

Pelka, 2012; Schwartzenberg, 2017).

　──さらに否定的なアプローチは、現在、障害者の家族会に広く行きわたっているアドボカシーと解放的な役割に気づくことができないだろう。

In this respect, through the lens of Special Pedagogy, this contribution aims to illustrate the political, educational and social relevance that associations, founded or supported by family members of persons with disabilities, have exercised since their creation in Italy.

　──これらの視点から、 本稿では特別教育学のレンズを通して、 障害者の家族によって設立または支援されたアソシエーションが、 イタリアでの創設以来、それがどのように政治、教育、社会に関わってきたのかを説明することを目的とする。

From a methodological point of view, the historical analysis of the different associative experiences documented since the first two decades of the 20th century and the pedagogical reconstruction of the work of the most recent associations make it possible to identify the constellation of actions that have traced the path to the recognition of the rights, the identity and autonomy of persons with disabilities, the development of services and the citizenship promotion.

　──方法論的には、20世紀の最初の２０年間に記録された 異なる組織的経験の歴史的分析 と最も新しいアソシエーションについての研究の教育学的再構築により、障害者の権利の認識、アイデンティティと自律、サービスの発展、および市民権の促進という道筋をたどってきた家族組織の一連の活動を明らかにする。

The historical references and the protagonists' testimonies of this exemplary story show some fundamental steps in the developmental process that has transformed parent associations over the years by small niche groups to organized social actors recognized by national welfare policies.

　──歴史的資料と代表的な物語の当事者の証言から、親の会が長い時間をかけて、小さなニッチなグループから国の福祉政策によって認められた

組織化された社会的存在にまでなった成長過程におけるいくつかの重要な
段階を読み取ることができる。

Origins and socio-political role of associations
——家族会の起源と社会政治的役割

The historical survey on the foundation of associative realities identifies in
the first two decades of the 20th century, a period that was marked by the
start of the first committees and associations formed by persons with
invalidity and sensory disabilities.

　　——会の創設実態についての歴史的調査において、20世紀の最初の20年
間は注目に値する。この期間は、身体障害者と感覚障害者によって最初の
委員会と協会が作られた時期であった。

Associated by similar needs and experiences, people have felt the need to
come together to share anxieties, problems and achievements of everyday life.
Thus, these were groups relegated to the social life side-lines which had
hitherto suffered the effects of pietistic sentiments and merely charitable
interventions.

　　——似たようなニーズと経験を持つ人々は、日常の不安、問題、成果を
共有するために集うことが必要だと感じるようになった。彼らは社会生活
の片隅に追いやられ、それまで敬虔な感情と単なる慈善的な介入に苦しん
できたグループだった。

It is at this stage that are recorded the constitution of the National
Association of Disabled and War Invalids (1917), the Italian Union of the
Blind (1920), the Italian Federation of the Associations of the Deaf and Dumb
(1922), and the Association of Workers' Invalids and Mutilated (Ceppi, 1990;
Mura, 2008, 2009; Tatulli, 2007a, 2007b; Zurru, 2006).

　　——全国障害者および戦傷病兵協会 (1917年)、イタリア視覚障害者連合
(1920年)、イタリア聾唖者協会連合 (1922年)、および労働者傷病者および
手足切断者協会といった組織が記録されているのはこの時期である。

The associations' commitment, in this first period, is aimed at the protection of conditions of physical disability caused by congenital or acquired pathologies and the recognition of welfare benefits for those who had suffered personal mutilation during their employment or in the service of the homeland.

——この最初の段階における家族会は、先天性または後天性の病状によって引き起こされた身体障害を持つ人々を保護することと、就業中または国への奉仕作業中に身体障害を負った人々に対する福祉給付金の認定を目的としていた。

Thanks to such actions, the first achievements are evident: the right to education for the blind and deaf with no other anomalies (Royal Decree No. 3126 of 1923), the transformation of charitable institutions into educational institutions (Royal Decree No. 2184 of 1923),

the provision of interventions and annuities for those who had become unable while in employment and for war veterans, the abolition in 1938 of the Civil Code Article n. 340, which prevented the recognition of the right of the age of majority for blind or deaf person.

——上記の活動による 最初の明白な成果： （他に障害のない） 視覚障害者と聴覚障害者が教育を受ける権利 (1923年 勅令第3126号)、慈善団体の教育機関への転換 （1923年 勅令第2184号)、就業中に働けなくなった者や退役軍人のための介入策と年金の提供、成人年齢の盲人およびろう者の権利の承認を妨げてきた1938年の 民法第n.340条の廃止。

These are achievements that have been made thanks to the voluntary and solidarity associations' commitment that, as well as giving rise to the first claims against society and institutions, have shown a new image of disabled people, who are able to fight for their identity recognition, their right to education and work, and their autonomy (Mura, 2007, 2008, 2014; Zurru, 2006).

——これらは、社会や組織に対する障害者の最初の申し立てとなっただけでなく、自発的で連携した家族会のコミットメントのおかげで達成され

た成果であり、アイデンティティを認識し、教育と労働の権利を主張し、自律のために戦うことができる障害者の新しいイメージを表すものとなった（Mura, 2007, 2008, 2014; Zurru, 2006）。

The marked-out path, as well as having made an impact into the political and cultural world, echoed in the Italian Republic's Constitution itself (1948) in which, for the very first time in history, were also acknowledged fundamental rights in favour of persons with disabilities.
　　──その特筆すべき道筋は政治や文化界にも影響を与え、イタリア共和国の憲法自体にも反映されることになった（1948年）。この憲法で歴史上初めて、障害者に有利な基本的権利が認められたのである。

However, during the reconstruction after the Second World War, concrete institutional interventions, aimed at improving the living conditions of disabled citizens, have been slow to take place.
　　──しかし第二次世界大戦後の復興の時期には、障害者の生活条件を改善することを目的とした具体的な制度的介入はなかなか進まなかった。

It is at this historical conjuncture that is identified the foundation of associations established
　　by family members and volunteers committed to promoting the rights of persons with motor and intellectual disabilities.
　　──この歴史的な背景から、運動障害や知的障害のある人々の権利促進に尽力した家族やボランティアによって設立された協会の基礎が確立される。

In 1954 in Rome, a group of parents founded the Italian Association for Assistance to Spastics (AIAS). The first action was the result of self-funding; indeed, the association has organized the first physiotherapy treatments and, in the same year, obtained the promulgation of Law No. 218 on the Assistance and Care of Poor Dyskinetic Children. The associations' activism has continued to be manifested in multiple operative perspectives.

　　——1954年、ローマにおいて親の団体がイタリア痙攣性麻痺支援協会
(AIAS) を設立した。 当初の活動は自己資金によるものだった。 実際 こ
の協会は初めて理学療法士による治療を実施し、同年「運動障害のある貧
しい子どもの支援とケアに関する法律第218号」公布の実現に至った。 こ
の家族会のアクティビズムは多くの重要な観点にて継続されてきた。

In 1956, in Taranto, was founded the National Association of Mutilated and
Civil Invalids (ANMIC) which has been committed to supporting the invalids
(spastics, polyomelitics, cardiopathics, amputees), for the recognition and
protection of constitutional rights, through the institution of rehabilitation
centres and vocational centres for job placement.
　　——1956年タラントで、全米傷病者協会 (ANMIC) が設立された。 この
アソシエーションは傷病者 (痙攣性麻痺、ポリオ、心臓病、四肢切断者)
の憲法上の権利の承認と保護のため、 リハビリテーションセンターと職
業紹介を行う職業指導センターの設立を通して障害者支援に力を注ぐ団体
であった。

In the wake of the ferment generated by such experiences, in Rome, in 1958
was founded the National Association of Families of the Mentally Handicapped
(ANFFAS).
　　——これを契機に、 ローマで1958年に精神障害者家族協会 (ANFFAS)
が設立された。

Issues related to intellectual disability, compared to other disability
conditions, were considered more marginalizing for children and their families.
　　——当時、他の障害と比較して、知的障害に関連する問題は、子どもと
その家族がより疎外される問題だと考えられていた。

Thus, parents have taken the initiative and, in addition to the creation of
concrete workshop activities for their children, have defined a Memorandum
with which in 1959 they have pleaded government institutions to implement
the education of disabled people in differential school classes, to allocate the

costs of managing the mentally disabled persons' needs to municipalities and provinces, to establish industrial and agricultural work centres, to establish pension and insurance benefits for orphaned children with deficit (Covino, 1999).

――そのため保護者がイニシアチブを取り、子ども達のための具体的なワークショップ活動を実施するために覚書を作成した。1959年、保護者達はこの覚書を政府機関に提出し、学校内の別の学級で障害児の教育を実施すること、精神障害者のニーズを満たすための費用を市町村や州に割り当てること、産業および農業のワークセンターを設立すること、貧しい孤児のための年金と保険金給付を行うことを嘆願した (Covino, 1999)。

Between the 1960s and 1970s, the associations' contribution became more visible and consistent, with a widespread distribution throughout the country.

――1960年代から1970年代にかけて、家族会の貢献は目に見えて一貫したものになり、国中に広がっていった。

Their actions and intervention areas have become varied;
over time, the support of volunteers and qualified staff has been added, and the educational expertise gained internally it has been matched by intense promotional and advocacy activities that have contributed to the enactment of important laws (Mura, 2004).

――家族会の活動と介入分野の多様化；時が経つにつれて、ボランティアや資格のあるスタッフのサポートがさらに加わり、その活動の中で得られた教育的専門知識は、重要な法律の制定に貢献する強力な宣伝活動およびアドボカシー活動を担うにあたってふさわしいものになった（Mura、2004）。

Among the most significant regulatory achievements are Law 482/1968 on compulsory employment, Framework Law 118/1971, that as well as ruling on health and economic benefits in favour of civil invalids and mentally disabled persons of developmental age, provided for the removal of architectural barriers and the attendance in normal schools for not severely disabled people;

　　──最も重要な法令上の成果としては、強制雇用に関する法 第482号
（1968年）、枠組み法 第118号（1971年）が挙げられる。後者は 病者や発
達年齢の精神障害者に健康および経済的利益を与えるとともに、障害者の
行動の妨げとなる建築上の障壁を取り除くこと、重度の障害を持たない障
害者の普通学校への通学を規定するものだった。

Law 517/1977 that started the integration process of all disabled pupils in
mainstream schools, Law 833/1978, which established the National Health
Service, the Law 33/1980 equalised pensions with reference to 'individual
income', Law 18/1980, which provided an attendance allowance for severely
disabled people.
　　──法第517号（1977年）により、すべての障害のある生徒が主流の学
校に統合されるプロセスがスタートし、 法第833号（1978年）では国民保
健サービスが定められた。1980年の 法第33号で は「個人所得」を参照し
て年金を均等化した。また1980年の法第18号では重度障害者の介護手当
が定められた。

A significant milestone on this path is Law 328/2000, which recognizes
family associations among the actors involved in health, social and
extracurricular integration and who take on the role of important agents in the
individual education and care, the promotion of well-being and the pursuit of
social cohesion.
　　──この道筋における重要なマイルストーンは、法第328号（2000年）
である。
　　これは障害者の健康的、社会的および課外的統合に関与する関係者の中
で、家族会を障害者の個々の教育とケア、幸福の促進、社会的結束の促進
において重要な役割を担う代理人であると認めた。

As it is evident, thanks to these achievements, an initial model of
institutional welfare has gradually matured which, while guided by the
concepts of prevention, universalism, equality of benefits, local distribution of
interventions, training of qualified professionals, then gave way to a more

capillary welfare mix model, led and supported by the associations themselves and characterized by the multiplication of services, taking charge almost entirely of all citizens' social integration needs (Mura, 2007).

　——明らかにこうした成果のおかげで、予防、普遍主義、給付の平等、介入の地域分配、資格のある専門家の訓練といったコンセプトに導かれつつ、家族会の福祉の初期モデルは徐々に成熟していった。 その後、初期モデルは、家族会自身が主導し支援するより細やかな福祉 複合 モデルに道を譲った。このモデルはすべての市民の社会的統合ニーズをほぼ完全に網羅する多数のサービスによって特徴付けられる。(Mura, 2007)。

Associationism: new projects and actions for inclusion
——家族会： インクルージョンのための新しいプロジェクトと活動

In addition to the aspects characterized by advocacy activities, family associations have also progressively unveiled their educational skills.

　——アドボカシー活動によって特徴付けられる側面に加えて、家族会の教育スキルが徐々に明らかになっていった。

In this sense, an initial survey carried out in the country in the first decade of the 2000s, has involved 40 associations founded by family members with the submission of an exploratory questionnaire.

　——この意味で、2000年代最初の10年間にこの国で実施されたアンケート調査には、家族メンバーによって設立された40の家族会が回答した。

In a time when there were still no studies on the subject, it was a survey that made it possible to collect important elements concerning the history, the motivations, the aims, the activities carried out and the composition of the associations.

　——それは、まだこの分野における研究が進んでいなかった時代に、家族会の 歴史、動機、目的、実施された活動、構成に関する重要な要素を収集することを可能にした調査だった。

The data analysis showed that since the second half of the 1970s, the associations phenomenon has spread in a networked manner throughout Italy, and over a period of thirty years has seen the foundation of hundreds of small and medium-sized associations that, in relation to the aims pursued, have contributed to the development of operational expertise, a wealth of legal, cultural, social and educational knowledge (Mura, 2004, 2014).

　——そのデータ分析は、1970年代後半からアソシエーション現象がネットワーク化されてイタリア全土に広がったこと、そして30年以上をかけて、追求されてきた目的に関して、運営的専門知識、法的・文化的・社会的豊かさ及び教育的知識の発展に貢献した何百もの中小の家族会が設立されたという事実を明らかにしている（Mura、2004、2014）。

引用文献

Barnartt, S., Schriner, K., & Scotch, R. (2001). Advocacy and Political Action. In G. L. Albrecht, K. D. Seelman, & M. Bury (Eds.), *Handbook of Disability Studies* (pp. 430–449). Sage Publications.

Barnes, C. (Ed.). (1991). *Disabled People in Britain and Discrimination: A Case for Anti-Discrimination Legislation.* Hurst/BCOD.

Braddock, D., & Parish, S. (2001). An institutional History of Disability. In G. L. Albrecht, K. D. Seelman, & M. Bury (Eds.), *Handbook of Disability Studies* (pp. 11–68). Sage Publications.

Brazelton, T. B. (1990). *Families. Crisis and caring.* Ballantine Books.

Byrne, E. A., & Cunningham, C. C. (1985). The Effects of Mentally Handicapped Children on Families–A Conceptual Review. *Journal of Child Psychology and Psychiatry*, 26 (6), 847–864. https://doi.org/10.1111/j.1469-7610.1985.tb00602.x

Caldin, R., & Giaconi, C. (Eds.). (2021). *Pedagogia Speciale, famiglie e territori. Sfide e prospettive.* FrancoAngeli.

Campbell, J., & Oliver, M. (1996). *Understanding Our Past, Changing Our Future.* Routledge. https://doi.org/10.4324/9780203410639

Carey, A. C., Block, P., & Scotch, R. K. (2019). Sometimes Allies: Parent-Led Disability. Organisation and Social Movements. *Disability Studies Quarterly*, 39 (1). https://doi.org/doi.org/10.18061/dsq.v39i1.6281

Ceppi, E. (1990). *I minorati della vista. Storia e metodi educativi.* Armando Editore.

Covino, E. (1999). Madre per sempre: Storia a puntate dell' ANFFAS dal 1958 al 1998. *La Rosa Blu*, 2(3).

de Anna, L. (2009). Esperienze e profili di progettualità familiare in Europa. In

M. Pavone (Ed.), *Famiglia e progetto di vita. Crescere un figlio disabile dalla nascita alla vita adulta*. Erickson.

Dugelay, D. (2018). Les familles de personnes en situation de handicap mental et le besoin de soins palliatifs. *Médecine Palliative, 17*(2), 108–112. https://doi.org/10.1016/j.medpal.2017.09.008

Fantova Azcoaga, F. (2000). Trabajando con las familias de las personas con discapacidad. *Siglo cero: boletín de la Federación Española de Asociaciones Protectoras de Subnormales*. https://redined.educacion.gob.es/xmlui /handle/11162/31099

Farber, B. (1959). Effects of a Severely Mentally Retarded Child on Family Integration. Society for *Research in Child Development, 24/2* (71).

Farber, B. (1960). Family organisation and crisis: Maintenance of integration in families with a severely mentally retarded child. *Monographs of the Society for Research in Child Development, 25* (1).

Gu, L., & Carey, A. C. (2014). Walking the Line between the Past and the Future: Parent' s resistance and Commitment to Institutionalization. In B.M. Liat, C. Chris, & A. C. Carey (Eds.), *Disability Incarcerated* (pp. 101–119). Palgrave Macmillan.

Halvorsen, R., Hvinden, B., Brown, J. B., Biggeri, M., Tøssebro, J., & Waldschmidt, A. (2017). *Understanding the Lived Experiences of Persons with Disabilities in Nine Countries: Active Citizenship and Disability in Europe Volume 2*. Routledge.

Jones, K. J. (1998). ' Mother made me do it' : Mother-blaming and the women of child guidance. In M. Ladd-Taylor & L. Umansky (Eds.), *«Bad mothers»: The politics of blame in twentieth-century America* (pp. 99–124). New York University Press.

Kittay, E. F. (2011). Forever small: The strange case of Ashley X. *Hypatia, 26* (3), 610–631.

Mannoni, M. (1971). *Il bambino ritardato e la madre*. Boringhieri.

Lalvani, P., & Polvere, L. (2013). Historical perspectives on studying families of children with disabilities: A case for critical research. *Disability Studies Quarterly*, 33 (3). https://doi.org/10.18061/dsq.v33i3.3209

Landsman, G. (2008). *Reconstructing Motherhood and Disability in the Age of Perfect Babies. Routledge*. https://doi.org/10.4324/9780203891902

Minuchin, S. (1996). *La guérison familiale, mémoires d' un thérapeute*. ESF.

Montobbio, E., & Casapietra, S. (1982). *Handicap e famiglia*. Edizioni del Cerro.

Montobbio, E., & Lepri, C. (2000). *Chi sarei se potessi essere. La condizione adulta del disabile mentale*. Edizioni del Cerro.

Mura, A. (2004). *Associazionismo familiare, handicap e didattica. Una ricerca esplorativa*. FrancoAngeli.

Mura, A. (2006). Associazionismo e disabilità: L' expertise educativa delle famiglie (parte II). *Gulliver ErreessE, 65*, 106–109.

Mura, A. (2007). Tra welfare state e welfare society: Il contributo culturale e sociale dell' associazionismo al processo di integrazione delle persone disabili. In A. Canevaro (Ed.), *L' integrazione scolastica degli alunni con disabilità* (pp. 413–430). Erickson.

Mura, A. (2008). Un percorso lungo quasi un secolo: Il contributo dell' associazionismo tra «vecchie» e «nuove» istanze di cittadinanza. *Gulliver ErreessE, 80*, 111–114.

Mura, A. (2009). Famiglie e associazionismo: Il contributo al processo di integrazione nell' ultimo mezzo secolo. In M. Pavone (Ed.), *Famiglia e progetto di vita* (pp. 313–328). Erickson.

Mura, A. (2014). Associations for disabled people in Italy: A pedagogical exploration. *ALTER-European Journal of Disability Research / Revue Européenne de Recherche sur le Handicap, 8*(2), 82–91.

Mura, A. (2016). Pedagogia speciale e disabilità intellettiva. Cenni storici, ricerca e prospettive inclusive. In P. Crispiani (Ed.), *Storia della Pedagogia speciale. L' origine, lo sviluppo, la differenziazione* (pp. 671–679). ETS.

Pavone, M. (Ed.). (2009). *Famiglia e progetto di vita. Crescere un figlio disabile dalla nascita alla vita adulta.* Erickson.

Pelka, F. (2012). *What We Have Done: An Oral History of the Disability Rights Movement.* University of Massachusetts Press.

Schwartzenberg, S. (2017). *Becoming Citizens: Family Life and the Politics of Disability.* University of Washington Press.

Tatulli, I. (2007a). L' unione Italiana dei ciechi: Un' associazione storica. *Gulliver ErreessE, 68*, 106–109.

Tatulli, I. (2007b). Voci nell' aria. Storia ed evoluzione dell' Ente Nazionale per la protezione e assistenza dei Sordi. *Gulliver ErreessE, 72*, 103–105.

Van Amerongen, A.P. (2005). Psychiatrie et histoire. Contribution d' une association de familles. *Annales Médico-psychologiques, revue psychiatrique, 163*(3), 250–254. https://doi.org/10.1016/j.amp.2005.03.005

Zucchi, R., & Moletto, A. (2013). *La metodologia pedagogia dei genitori. Valorizzare il sapere dell' esperienza.* Maggioli editore.

Zurru, A. L. (2005). Associazionismo familiare, disabilità, solidarietà e dinamiche di riconoscimento sociale. *L' integrazione Scolastica e Sociale, 4* (5), 445–458.

Zurru, A. L. (2006). Associazionismo familiare e integrazione sociosanitaria: Tracce ed elementi di ricognizione storica. *L' integrazione Scolastica e Sociale, 5 (3), 116–122.*

連載論稿
教育労働論の再検討

連載論稿：教育労働論の再検討

「生活上の諸課題に直面している子ども」への対応と教育労働
——非正規雇用の人々、教員育成指標、感情労働という切り口からの試論

住友　　剛

本稿の課題意識

　公教育計画学会年報編集委員会の議論のなかで、前号（第13号）の「特集2」からの続きで、今後数号にわたって「教育労働」について考えるコーナーを設けることとなった。まずは今回、編集委員としての私から、「教育労働」について日頃抱いている課題意識などをまとめて、このコーナーを始めていくこととする。

　とはいえ日頃、公教育のなかでも生徒指導（生活指導）や学校安全関連の諸課題を中心に研究・実践活動を行ってきた私が、あらためて「教育労働」に対して何か課題意識を発信するとすれば、やはりこの領域からということになる。そこで今回は学校における子ども支援、具体的に不登校傾向のある子どもやいじめ被害のある子どもなど、「生活上の諸課題に直面している子どもへの対応」という側面から、「試論」的に「教育労働」について考えてみたい。

　特に本稿では、「生活上の諸課題に直面している子どもへの対応」を、教職員の「感情労働」という視点から考えてみることを試みる。なお、この「教育労働」のなかの「感情労働」の側面が具体的にどのようなものかについては、後述する。また、今の時点ではあえて「教育労働」という言葉にはかぎかっこをつけて、定義をしないことにする。というのも＜そもそも今後の公教育、特に学校における「教育労働」とは何か？＞ということ自体が今日、あらためて問われてしかるべきだと考えるからである。

　それこそ、今の学校における「生活上の諸課題に直面している子どもへの対応」は、たとえばスクールカウンセラー（SC）やスクールソーシャルワーカー（SSWr）など、現状では教員以外のさまざまな職

種の人々によって担われている面がある。また、同じ正規雇用の教員で
も、養護教諭・栄養教諭という立場の人々がいる。したがって基本的に
は教員を前提にして本稿での検討作業をすすめるが、いま「教育労働」
を問うには、たとえば他の職種の人々が担う「生活上の諸課題に直面し
ている子どもへの対応」についても検討を行わなければならないのであ
る。

　そこで、本題である「教育労働」のなかの「感情労働」の側面の考察
に先だって、近年の公教育、特に学校教育の領域では、教員以外にもさ
まざまな職種の人々が働いているという現状の確認を行うこととする。
また、近年、各都道府県教育委員会などが作成している「教員育成指標」
を手がかりにして、教員の仕事のなかで「生活上の諸課題に直面してい
る子どもへの対応」がどのような位置づけにあるのかも検討しておく。

　ちなみに、この近年の学校教育において多様な職種の人々が働いてい
るという現状や、「教員育成指標」というかたちで教員の仕事について教
育行政当局が「あるべき教員像」を示しているといった諸課題は、本学
会年報の第13号（前号）の特集「給特法と教育労働」の2論文では、特
集テーマとの関係もあって、あまり触れられていなかった課題である。

　また、私としては今後の「教育労働」に関する議論のなかで、「教育労
働」＝「正規雇用の教員の仕事」とのみ考えていると、他のさまざまな
課題を見落としてしまうことがあるのではないかと危惧している。たと
えば後述するように「正規雇用の教員の負担軽減」のために、学校にい
る多種多様な職種の「非正規雇用の人々」が生まれているが、この「非
正規雇用の人々」の待遇等の問題はどのようにこれまで論じられてきた
のか。それこそ、近年の正規雇用の教員を中心とした「給特法と教育労
働」の議論では、学校にうる「非正規雇用の人々」のことは「想定外」
のことなので、おそらく対応しきれないと考える。一例をあげると、現
在、中学校などでの部活動を「部活動指導員」に任せることが制度上も
実態上も可能である(1)。だが、今後その「部活動指導員」の勤務形態や
待遇の問題などはどのように扱われるのだろうか(2)？　大学院生時代に
定時制高校非常勤講師及び運動部活動の外部指導者を経験した私として
は、この点が特に気がかりである。

1：学校で働く多様な非正規雇用職種の人々

　　——「教育労働」の担い手は「正規雇用の教員」だけなのか？

　たとえば中村文夫『子どもの貧困と公教育』（明石書店、2016年）では、国庫補助及び地方単独の事業で予算措置をともなっている多様な学校の非正規職員のリストを提示している。たとえば特別支援教育支援員、学校図書館担当職員、ALT（外国語指導助手）や、医療的ケアのための看護師、外国人児童生徒支援員、SC・SSWr、運動部活動の外部指導者、学校支援地域本部や放課後子ども教室のコーディネーターなどである⁽³⁾。

　また、同書では東京都新宿区に限定したものであるが、「学校等に勤務する職員等一覧」も掲載されている。この一覧では全部で47の職種が掲載されているが、そのうち介助ボランティアや放課後等学習支援員、メンタルサポートボランティアなど「ボランティア」として区分されるもの、ALTや日本語学習支援員のように「委託」されるもの、肢体不自由の子どもの介助員など「臨時職員」に位置づくもの、都費・区費で雇用されるSCやSSWrあるいは学習指導支援員、時間講師のような「非常勤」に位置づくものなど、多様な雇用形態があることがわかる⁽⁴⁾。

　その上で同書では、首長・総合教育会議や教育委員会（事務局を含む）を頂点として、学校管理職（校長・副校長・教頭）—新スクールリーダー（主幹教諭・指導教諭・事務長）—義務教育費国庫負担教職員（本採用。教諭及び養護教諭・栄養教諭、事務職員、学校栄養職員など）及び市町村費学校職員（本採用、給食調理員、用務員、栄養士等）—派遣請負・業務委託（給食調理員、ALTなど）や直接雇用の臨時教員、非常勤講師等の「21世紀ピラミッド型学校運営組織図」も示されている⁽⁵⁾。

　このように、すでに今の公教育、特に学校教育の領域では、正規雇用の教職員以外にも多様な雇用形態・職種の人々がさまざまな業務に従事している。したがって、たとえば正規雇用の教職員、特に教員の仕事の負担軽減や長時間勤務解消の議論のなかで、「教員の仕事は授業（学習指導）で、それ以外の仕事は他の職種に委ねるべきだ」といった主張を続けていると、数々の仕事が多種多様な非正規雇用の職種の人々に委ねられたり、業務委託などが推進されたりして、さらに中村のいう「21世紀ピラミッド型学校運営組織」づくりが加速することになる。

　あるいは「教員の仕事だ」と考えられている学校での「授業（学習指導）」

そのものも、たとえばGIGAスクール構想のなかでICT活用を推進していけば、子どものもつ「ひとり一台タブレット」とWiFiなどの情報環境を経由して、どこかの大手教育産業などが作成した「授業動画と課題のセット」を配信した上で、そこでの子どもの学習をすすめるかたちで、授業（学習指導）自体を「外注」することも可能となる。もちろん「映像配信授業などの導入が、はたして本当に＜子どもにとってよい学び＞なのか？」という疑問を呈することも可能であるし、そのような議論を私もしたいとは思う。だが、しかし今も非常勤講師や臨時講師に授業運営を委ねることがある以上、正規雇用の教員が「授業（学習指導）こそ私たちの仕事」と主張しても、「授業」を含めた公教育の外部委託などを推進したい人々にとっては、それはあまり有効な反論とはなりえないのではないか。

　他方で、「生活上の諸課題に直面している子どもへの対応」という点でいえば、困りごとを抱えた子どもが、先述の多種多様な学校の非正規雇用の職種の人々に支援を求める場合がある。あるいは子どもたちの生活上の諸課題に、多種多様な非正規雇用の人々の方が先に気付く場合もありうる。

　それこそ、たとえば高校の運動部活動指導員が、部室で喫煙・飲酒をしている生徒を見付けた場合、どこまで生徒指導（生活指導）面での対応を行うべきなのだろうか。あるいは、放課後等学習支援員として小学校の空き教室で宿題のサポートをしている非正規雇用の方に、子どもが「この人なら信頼できる」と思い、家庭内での保護者からの虐待などを打ち明けた場合、この支援員はどのように対応すべきなのか。

　このどちらのケースも、中村のいう「21世紀ピラミッド型学校運営組織」のなかでは、非正規雇用の方から生徒指導（生活指導）の担当の正規教員（特に管理職やスクールリーダーとしての生徒指導主事等）にいったん報告をあげて、その上であらためて学校として子ども本人（場合によれば家庭にも）に事実確認をして、関係機関とも連携しながら必要な対応を行うことになるであろう。しかしこのような学校運営組織の手順では、それこそ「いじめ」を苦に自殺を考えていることを訴えた子どものように、「待ったなし」で「目の前の子ども」に誰かが対応しなければならないケースなどが生じれば、生徒指導（生活指導）が本来の職務ではない非正規雇用の方は、自分がどこまで対応すべきなのか、判断に苦しむことになるであろう。

2：「教員育成指標」に示された「あるべき教員像」
── 「正規雇用の教員」の仕事は「学習指導（特に授業）」だけに とどまらない

　続いて「教員育成指標」について、本稿で触れておきたい。

　本稿執筆の2023年2月現在、教育公務員特例法第22条の2により、文部科学大臣は「校長及び教員としての資質の向上に関する指標の策定に関する指針」（以後、本稿では「策定に関する指針」と略）を定めて、公立の小学校等の校長・教員の任命権者に示すことが定められている。また、同法第22条の3では、公立小学校等の校長及び教員の任命権者には、文部科学大臣の定める指針を参酌して、その地域の実情に応じて、「当該校長及び教員の職責、経験及び適性に応じて向上を図るべき校長及び教員としての資質に関する指標」を定めることが求められている。これが「教員育成指標」である。そして、この「教員育成指標」の策定にあたって、公立の小学校等の校長・教員の任命権者は、地元の教員養成系学部や教職課程を置く大学の関係者などとの協議会を設けて、指標の内容等について検討を行うことになっている。

　この「教員育成指標」の策定と、これにもとづく「教員の養成・採用・研修の一体化」に向けた諸改革は、中央教育審議会の答申や文部科学省のいわゆる「馳プラン」[7]にもとづいて実施されているものである。また、このような諸改革導入の「口実」に、教員の「働き方改革」が用いられていることも忘れてはならない[8]。

　ちなみに、本稿執筆直前の2022年12月、私も京都府内の私立大学教職課程の「当番校」のようなかたちで、京都府教育委員会が設ける「令和4年度京都府教員等の資質向上に関する協議会」に出席した。また、この「教員育成指標」であるが、文部科学大臣がつくる「策定に関する指針」が変更されれば、公立の小学校等の校長・教員の任命権者はあらためて協議会を開き、その意見をふまえて指標の修正を行うことになる。したがって私が出席した際の協議会では、2022年8月末に文部科学大臣の「策定に関する指針」[9]が変更されたことに伴って、中央教育審議会のいわゆる「令和の日本型学校教育」答申の内容や、学校における情報通信技術（ICT）の活用を意識したかたちでの京都府の「教員育成指標」の修正が議題になっていた。

　さて、この「教員育成指標」の内容であるが、これを見れば、少なくとも各都道府県・政令市の教育委員会レベルで「正規雇用の教員」の職務内容をどのように想定し、いわゆる「官制研修」を実施しようと試みているのかがわかる。

　たとえば「京都府教員等の資質能力の向上に関する指標」(10) （以後「2018年版京都府指標」と本稿では称する）では、「義務教育諸学校の教員に求められる資質能力」を、ステージ０（着任時）、ステージ１（初任期：１〜６年）、ステージ２（中堅期：７〜15年）、ステージ３（充実期：16〜24年）、ステージ４（熟練期：25年〜）の５つの段階にわけて細かく規定している。また、具体的な指標の観点として「基本的資質能力（使命感、責任感、教育的愛情、コンプライアンス意識など）」「人権（人権尊重、特別な配慮を必要とする児童生徒への支援）」「学習指導（学習指導要領等の趣旨の実現、教育課程の実践など）」「生徒指導（学級経営、児童生徒理解、生徒指導、教育相談など）」「マネジメント（学校運営への関わり、効率的な業務の遂行、学校安全など）」「チーム学校（他の教職員や家庭・地域社会との連携・協働など）」「京都ならではの教育（京都の伝統・文化の理解と発信など）」の７つの項目を掲げる。この結果、たとえば義務教育諸学校教員の「ステージ１」の初任期における「生徒指導」の指標という具合に、各ステージ・観点を重ねあわせたかたちで指標の一覧表ができあがるわけである。そして、このような指標の一覧表は、義務教育諸学校だけでなく「高校」「特別支援学校」「養護教諭」「栄養教諭」そして「校長」と用意されている。また、この「2018年版京都府指標」では、「ステージ０（着任時）」を示すというかたちで、実は教職課程を置く京都府内の各大学（私の勤務校を含む）の取り組みにも影響を与えていることに留意が必要である。ただし、臨時講師や非常勤講師などの学校で働く非正規雇用の人々には、このような指標に基づく研修等は想定されていない。

　そこであらためて「ステージ１」の初任期における「生徒指導」の指標の内容を義務教育諸学校について見ると、以下のとおりである。ちなみにステージ２以降は、このステージ１段階の内容をもとに、若手教職員への助言・支援等の内容が付け加わっていく。また、ステージ０、つまり大学等での教員養成段階では、このようなことが初任期にできる前提となる知識や技能の習得が求められている。

○担当する児童生徒の個性や人間関係を踏まえた個別指導と集団指導に取り組むことができる。
○児童生徒理解をもとに、受容的・共感的に児童生徒と関わることができる。
○児童生徒の変化に気付き、課題の解決に向けて他の教職員と協力して対応できる。
○同学年の教員と協力しながら、担任として責任を持って学級経営ができる。
○キャリア教育の視点を生かした教育活動ができる。

　このように「2018年版京都府指標」では明確に、初任期の段階から、正規雇用の教員に求められる「資質能力」のなかに、「適切な子ども理解（児童生徒理解）を基盤にした受容的・共感的な子どもへのかかわり」や、「子どもの変化に気付き、課題解決のために他の教職員と協力して対応する」等の「生徒指導」面での内容が盛り込まれている。
　したがって、たとえば今日「（正規）教員の仕事は授業だ」と言って、「生活上の諸課題に直面している子どもへの対応」に関する対応など、授業以外のことをできるだけ学校にいる非正規職種の人たちに任せたい教員がいるかもしれない。しかし「2018年版京都府指標」などを見る限り、地方教育行政当局側はやはり「正規教員が学校において、それでも引き受けるべき生徒指導上の諸課題がある」と考えていることがわかる。そして正規雇用の教員の場合、たとえば「効率よい業務遂行」などによって浮いた勤務時間に、このような「子ども理解（児童生徒理解）」に関する「官制研修」などが入り込むことになる。

3：今日の「教育労働」における「感情労働」的な側面について
　——「生活上の諸課題に直面している子ども」にどのように対応するのか？
　本稿1・2で述べたことでもうすでに気付かれた人々もいるかと思うが、私のように生徒指導（生活指導）、特に「生活上の諸課題に直面している子ども」への対応にこだわりを持ち続けてきた者の側から見れば、教育労働、特に正規雇用の教員の仕事を「学習指導（特に授業）」だけに限定したい人々の論調には、違和感ばかりが生じてしまうことになる。

　たとえば学校のなかで日々いじめや不登校、家庭内での虐待等、さまざまな諸課題に対応している教員の仕事は、教員の仕事を「学習指導（特に授業）」だけに限定したい人々にとっては、きわめて目障りなものかもしれない。あるいは、このような「生活上の諸課題に直面している子ども」への対応は、教員の仕事を「学習指導（特に授業）」に限定したい人々にとっては、たとえばSCやSSWrなど学校に入ってくる外部専門職や、部活動指導員その他の多様な非正規職種の人々に「できるだけ速やかに委託してしまいたい」と思うものかもしれない。しかし、そういう人々の視野のなかに、先述の「教員育成指標」が「学習指導」に加えて「生徒指導」を位置づけていることなどは、どのように映るのだろうか？　そして「チーム学校」のなかでできあがった「21世紀ピラミッド型学校運営組織図」のなかで、非正規雇用の人々によって担われている「生活上の諸課題に直面している子ども」への対応は、他の「教育労働」とどこが異なっているのだろうか？

　そこで、少し試論的になるが、ここで本稿では「教育労働」に関する議論に「感情労働」や「ケア」という視点からの問題提起を行ってみたい。

　ここでいう「感情労働」であるが、この言葉は主に社会学の領域で使われているものである。具体的には看護師や介護施設の職員、客室乗務員や飲食店・ホテル・テーマパークなどのサービス関連業界の職員など、「表情や声や態度で適正な感情を演出することを求められる仕事」[11]を指す。また、武井麻子は「感情労働」について、「『自分の感情を加工することによって、相手（顧客）の感情に働きかけることが重要な職務』となっていて、それによって陰に陽に報酬を得ていること、すなわち『感情に商品価値があること』がポイントになる」[12]という。

　この「感情に商品価値がある」という点に着目していえば、たとえば教員（養護教諭を含む、以下同じ）やSC・SSWrが子どもや保護者、教職員などに対して行う「相談」の場面は、この「感情労働」の典型的な場面ということになる。それこそSCの行うスクールカウンセリングの場面でいえば、来談者たる子どもや保護者、教職員からの相談を聴くときに、SC側はさまざまな面談技法を駆使して来談者の心理的課題を整理し、解決策を模索しようとする。また、その相談場面で面談技法を所有し、駆使することのできる専門性を前提に、SCは学校（教育行政）に雇用されて

報酬を得ていることになる。おそらくSSWrについても、来談者たる子ど
もや保護者、教職員からの相談に応じて、適切なケース対応を検討する場
面においては、SCと手法こそ違えども、やはり何らかの面談技法を駆使
してその人々の福祉的諸課題を整理し、解決策を模索することを前提に、
学校（教育行政）に雇用されて報酬を得ていることになる。いわば、学校
のなかの「感情労働」の主たる担い手としてのSC・SSWrということも
可能ではないかと私は考えるのである。

　一方、教員の仕事のなかにも、先に「2018年版京都府指標」を本稿2で
取り上げたが、子どもたちを相手にした「感情労働」の側面が今後もなお、
一定程度つきまとうことになる。それこそ「2018年版京都府指標」におい
て、「生徒指導面」での教員に求められるステージ1での「資質能力」の
なかに、子どもたちに対する「受容的・共感的」なかかわりが含まれてい
ることや、その前提となる「子ども理解（児童生徒理解）」があることに
注目をしてほしい。もちろんSCやSSWrのようにそれに特化した専門性
までは求められていないとしても、教員には子どもたちの学校生活面での
諸課題に常に目配りをして、なんらかの困難に直面した子どもたちに対す
る「受容的・共感的」な関係づくりが求められているわけである。ただ、
「学習指導（特に授業）」の面では、子どもたちに対してくり返し課題を提
示したり、点数評価などで厳しく「指導」を行っていても、他方で教員は
「生活上の諸課題に直面している子ども」への対応の場面では、子どもた
ちのつらさなどに「受容的・共感的」に接することが求められる。だとす
れば、このとき、教員は「学習指導（特に授業）」の場面とは異なる「表
情や声や態度で適正な感情を演出することを求められる仕事」が求められ
ることになる。これはまさに、教員が行う「感情労働」ではないのか。そ
して、先述の「2018年版京都府指標」のように、現行の「教員育成指標」
では、教員にステージ0つまり大学等の教員養成段階から「感情労働」に
関する知識・技能の形成を求めているとも考えられるのである。

　このように考えると、特に「生活上の諸課題に直面している子ども」へ
の対応というかたちで、「受容や共感」などのかたちで、学校で「表情や
声や態度で適正な感情を演出することを求められる仕事」に従事している
のであれば、「感情労働」という切り口から教員やSC・SSWrに共通し
た諸課題を析出することも可能であろう。また、SCやSSWr以外の非正

規職種で学校で働く人々が、このような「感情労働」をともなう「生活上の諸課題に直面している子ども」への対応を担っている面もあるだろう。

おわりに
——「教育労働」のなかの感情労働の側面をどう位置付けるか？

　私に割り当てられた紙幅が尽きようとしているので、「試論」としての本稿の「まとめ」的な話をしておきたい。要するに本稿で私から読者に投げかけたいのは、生徒指導、特に「生活上の諸課題に直面している子ども」への対応という課題に対応するとき、教員やSC・SSWrその他の非正規雇用の職種の人々など、学校で働く人々には「受容と共感」などの「表情や声や態度で適正な感情を演出することを求められる仕事」、つまり「感情労働」が求められるということである。

　いわば正規雇用・非正規雇用に関係なく、学校での子どもの教育に何らかの形で携わる仕事を仮に「教育労働」と定義するならば、その「教育労働」のなかには「感情労働」という側面が無視できない形でつきまとうのではないか。その「感情労働」的な側面を無視して、正規雇用の教員が担う「学習指導（特に授業）」だけに限定して「教育労働」に関する議論をすすめると、多くの論じるべき課題をとりこぼしてしまうのではないか。このように私としては考える次第である。

　なお、本来であれば「教育労働」のなかの「感情労働」的な側面にあわせて、日々の子どもたちの生活の「お世話」とでもいうべき「ケア」の諸課題についても、本稿で何らかの形で位置づけて論じておきたかった。ただ、そこまでは余裕がなく、本稿では「試論」的にまずは「感情労働」の話に的をしぼることにした。今後、またの機会に「教育労働」のなかの「感情労働」そして「ケア」の諸課題について論じることとしたい。

　注
（1）学校教育法施行規則第78条の2では「部活動指導員は、中学校におけるスポーツ、文化、科学等に関する教育活動に係る技術的指導に従事する」と、その職務内容が規定されている。したがって、たとえ部活動指導員に子どもが悩みを打ち明けても、「生活上の諸課題に直面している子どもへの対応」そのものは、本来「部活動指導員」の担うべき職務ではないということになる。なお、この学校教育法施行規則の「部活動指導員」の規定は、高校・義務教育学校・中等教育学校・特別支援学校

126

（中学部・高等部）にも準用される。

（2）たとえば2022年度の「神戸市立中・義務教育学校部活動指導員（外部顧問・外部支援員）の募集」を確認すると、外部顧問・外部支援員ともに上限年120日、一日の勤務時間は2時間（ただし実際の勤務時間は学校長が別途指示）などの条件で、外部顧問が時間額1,616円、外部支援員が1,356円である。ちなみに外部顧問は顧問教員に代わって、部活動の技術指導を含む運営全般を単独で実施する立場、外部支援員は、平日には単独で、土日や祝日等などは顧問教員と協働で技術指導を行う立場である。比較的条件のいい外部顧問でも、1日2時間で年120日上限いっぱいまで働いて、年額387,840円の報酬ということになる。このような部活動指導員の待遇について、どこまでいま「教育労働」を論じている人々は意識できているのか？　なお、次の神戸市教育委員会のホームページを参考にした。
　　https://www.city.kobe.lg.jp/a33992/shise/shokuinsaiyou/other/bukatsudoushidouinn.html（2023年2月8日確認）

（3）中村文夫『子どもの貧困と公教育』明石書店、2016年、p.176-177

（4）同上、p.178

（5）同上、p.181

（6）文部科学省ホームページ「これからの学校教育を担う教員の資質能力の向上について　～学び合い、高め合う教員育成コミュニティの構築に向けて～　（答申）（中教審第184号）」（2015年12月21日）
　　https://www.mext.go.jp/b_menu/shingi/chousa/shotou/120/shiryo/_icsfiles/afiedfile/2016/04/1368860_05.pds（2023年2月25日確認）

（7）「馳プラン」（2016年1月25日。正式名称：「次世代の学校・地域」創生プラン～学校と地域の一体改革による地域創生～）については、次のホームページを参照。なお、この「馳プラン」は当時の馳浩文部科学大臣が公表したもので、前述脚注6の答申を含めた中央教育審議会の3つの答申を相互に連携するかたちで実施する構想である。下記のサイトを参照。（2023年2月23日確認）

（8）上記「馳プラン」の概要を説明した「資料3」では、「養成・採用・研修を通じた不断の資質向上」のために、教員の負担を軽減するための多様な職種の導入、学校の組織運営改革（チーム学校）、コミュニティスクールによる地域と学校の連携・協働が行われようとしていることがわかる。

（9）この変更に関する具体的な内容については、文部科学省ホームページ「公立の小学校等の校長及び教員としての資質の向上に関する指標の策定に関する指針（令和4年8月31日改正）」を参照。
　　https://www.mext.go.jp/a_menu/shotou/kyoin/mext_01933.html（2023年2月8日参照）

（10）「京都府教員等の資質能力の向上に関する指標」については、次のホームページを参照（2023年2月25日参照）。

https://www.kyoto-be.ne.jp/kyosholu/cm' s/?p=5865/H30sihyou.pdf

(11) 武井麻子『ひと相手の仕事はなぜ疲れるのか　感情労働の時代』大和
　　書房、2006年、p.20

(12) 同上、p.21

連載論稿
先人の知恵に学ぶ

連載：先人の知恵に学ぶ

教員の仕事の再検討
——戦後教育実践史と杉原泰雄の近代公教育諸原則から

大森　直樹

はじめに

　教員の仕事を、国が定めた内容・方法で授業を行うことに限定する動きがある。多くの普通学級では、国が定めた内容・方法そのままの授業が行われている。そうした授業に適応できない子どもを、特別支援教育の対象にする動きと、不登校に追いやる動きも続いている。それらの動きとは一線を画した教員の取り組みが求められているが、教員の仕事のあるべき姿についてのイメージ（「教員の仕事とは何か」）は教職員の世代交代もあり不鮮明なところがある。どうすればいいのか[1]。本稿では、「教員の仕事とは何か」への回答を、日本の戦後教育実践史[2]の成果から得ていくことを基本としながら、そこに、憲法学者の杉原泰雄（1930 - ）の説く近代公教育諸原則を重ねてみたい。そのことを通じて、教育の仕事のあり方をめぐる閉塞状況を打開する手がかりを得ていきたい。

　杉原は、フランスと日本の公教育諸経験を憲法の視座から検討することによって、近代公教育諸原則を導き出している。数年前から筆者は、杉原の説く近代公教育諸原則について学ぶうちに、その諸原則の中には、戦後教育実践史の歩みの中から見えてきたことと重なることが多いと考えるようになった。そのことが、戦後教育実践史に関心を寄せてきた筆者が、杉原の近代公教育諸原則の検討に着手するようになった理由の1つである。このため、本稿の分析は、まず「教員の仕事とは何か」を戦後教育実践史から考察することから始めることにする。その上で、杉原の説く近代公教育諸原則の検討に進んでいきたい。

　戦後教育実践史を理解することにより、近代公教育諸原則について認識を深めること。近代公教育諸原則を理解することにより、戦後教

育実践史について認識を深めること。これらの課題に本稿では取り組んでみたい。

1. 教員の仕事とは何か

　この問いへの答えを、戦後に今日まで公表されてきた教育実践記録のうち6000件ほどを閲覧してきたことをふまえて仮説的に述べてみたい。現時点では4つに整理するものである。

　1つめは、子どもの生活の事実（子どもの実態とも言う）を大切にすることだ。子どもたちが戦災、部落差別、民族差別、自然災害、原発災害に直面したとき、無着成恭（1927‐）・岩田明夫（1950‐）[3]・善元幸夫（1950‐）[4]・徳水博志（1953‐）[5]・永田守（1967‐）[6]・渡部義弘（1970‐）[7]等の教育実践においては、子どもの生活の事実を子ども自身が作文や作品にして、自身と仲間を励ますことが行われてきた[8]。生活の中に影と光を抱えていない子どもは1人もいないから、子どもの生活の事実を大切にすることは、あらゆる教育実践の土台をつくる仕事になるだろう。

　2つめは、学問の成果を子どもと学習することだ（芸術やスポーツの成果についても、芸術科学やスポーツ科学の成果、つまり学問の成果もふまえて学習するものとここでは位置づけている）。戦前の初等教育は、国が臣民に求めた国定道徳と実用知識の教育が中心で、学問の成果の学習は高等教育に限られていた。戦後教育実践の積み重ねが、学問の成果の学習を初等教育に拡げてきたことの意義は大きい。1942年に国民学校に入学した佐藤藤三郎（1935‐文学者）は次の回想をしている[9]。「教育勅語を暗記させられていた。意味も内容もわからず、ただの暗記だった」。学友が、山道の断層から魚の骨らしきものを見つけてよろこんだときにも、それを学問的に解説して、さらに興味をもたせるような教員は、佐藤の学校にいなかった。戦後に人々が渇望したのは学問の成果を学ぶことだった。

　3つめは、既存の学問だけでは答えの出ない自然・社会・人間に関わる問題についても、必要なときには子どもと学習することだ。雁部桂子（1943‐）[10]は現代に形成された被差別部落の歴史を子どもと明らかにし、山本晴久（1967‐）[11]は柏市で2011年の原発事故による低線量被ばくの影響について子どもと認識を深めてきた。

132

　4つめは、登校拒否（本稿では不登校とも同義として用いる）の事実から学校や教員のあり方を見直すことだ。矢定洋一郎（1949 - 2017）[12] は、登校拒否の子どもや保護者と1989年から議論を重ねて、「学校に来ない、来られない子どもたち」に、教職員がどうした「気持ち」で向き合うべきかを2007年に6つにまとめている。①学校に来なくていい。「行きたいけど行けない」子どもに「来なくてはいけない」は残酷である。「来なくていい」と「来てほしい」は矛盾しない。②そのままでいい。③親こそが専門家。④教師という立場性の放棄。⑤ヒマになる。⑥笑う。「一緒に笑い合えるかどうか」が「一番の勝負所のような気がする」と矢定は記している。矢定は、こうした「気持ち」で学校のあり方を見直してきた。

　以上から教員の仕事をまとめると、「子どもの生活の事実と学問の成果をふまえて子どもと学習を行い、子どもと学問の創造にも関わり、不登校の事実から学校と教員のあり方を見直して、子どもと一緒に笑い合うこと」となる。従前の教育学は、「教育」や「指導」といった言葉を多用して、登校している子どもを中心にして、教員の仕事を捉えてきた。それらとはかなり異なった教員の仕事についてのイメージが浮かび上がってくる。

　4つの仕事のそれぞれについて、教育実践記録からは多くの達成を確認できる。だが、それらの達成について、検討を重ねて継承し発展させる取り組みは、総じてみたときは低調である。その原因の1つに、国の教育課程基準の膨張と「こなす教育」の問題がある。日本の学校の教育課程は、国が教育課程基準を定め、それにもとづき学校が定める仕組みになっている。国の教育課程基準は、子どもの実態や学問成果の重視といった戦後教育実践の成果も部分的・形式的に取り込みながらその範囲を拡げてきた。教科書も、こうした国の教育課程基準にもとづき改訂を重ねている。この仕組みの下では、教員は国の膨大な教育課程基準をふまえて仕事をせざるを得ない。現実的な対応として、「まずは教科書を教えておこう」となり、「それで充分とは思わないが、それをこなすのに精一杯」となっていく。こうした寂しく厳しい現実が拡がり、多くの教員の仕事から創造性と楽しさが奪われている現実がある。

２．日本国憲法下の近代公教育諸原則
　この状況をどう改めたらいいのか。その手がかりを、杉原泰雄『憲法と

公教育　「教育権の独立」を求めて』（勁草書房2011）から得ていきたい。
同書で杉原は、公教育を「国公立学校の普通教育」に限定した上で、日本
では公教育への「公権力の介入」が続いていることを指摘している。具体
的には、学習指導要領（国の教育課程基準の1つ）による「公教育の内
容・方法の強制的規定」が続いていることをとりあげ、そのことが「日本
国憲法下の公教育の在り方を歪める要因」（同書191頁、以下の頁数も同書
より）の１つであることを指摘している。杉原は、こうした現実に、「日
本国憲法下における近代公教育諸原則」を対置して、「混乱を重ねる日本
の公教育の現状に対処」すべきとしている。「日本国憲法下における近代
公教育諸原則」としては６点が挙げられている（156〜173頁）。

　　1）公教育における知育中心原則‐選択教化的徳育の原則的排除と宗
　　　教的・思想的・政治的中立性の原則
　　2）知育における教育権の独立・自由
　　3）相対的諸価値にかんする知識としての教育の必要性
　　4）例外的な「徳育」の必要性
　　5）公教育における教育担当公務員（教員）の教育の自由‐教員の教
　　　育権の独立の問題
　　6）私教育の自由

　杉原は、以上の近代公教育諸原則を、近現代のフランスと日本における
公教育の諸経験を憲法の視座から検討することにより導き出している[13]。
　フランス革命初期の諸憲法については、「「教育」（enseignement）のうち、
「知育」を意味するinstitutionと選択教化的「徳育」を含むéducationが使い
分けられているよう」であることに着目している（101〜102頁）。その上
で、「すべてのフランス人に必要な基礎教育としての「公教育」」が前者の
「知育」を原則とし、後者の選択教化的「徳育」が「原則として公的祭典
や私教育の分野でされている」ことに注目している。この使い分けは、
「宗教・思想信条の自由を各人の人権として保障している憲法の下」で求
められてきたものであり、「すべての国民に開かれている公務としての公
教育」が「人によって異なる宗教・思想信条等の相対的諸価値の選択教化

的徳育を禁止され」ることと、「それら〔選択教化的徳育〕が私教育や参加自由の国民祭の課題とされるのは当然のこと」（102頁）だったと指摘している。この指摘が、本書全体を貫く杉原の「憲法の視座」になっている。

とくに日本国憲法については、「教育については、ごく一部の条項で明示的な定めをしているにすぎない」のであるが、それと同時に、「教育の在り方に関係する少なからざる原則的規定」が設けられていることに着目をしている（150頁）。その関係する諸規定の整理を通じて、前記の「諸原則」を確認している。以下、一つずつとりあげていきたい。

3. 公教育における知育中心原則 - 選択教化的徳育の原則的排除と宗教的・思想的・政治的中立性の原則

杉原は、知育について、「人によって異ならない普遍的な諸価値（真理・真実等）の伝達を内容とする教育」を意味するとしている。真理・真実については、「認識の対象としての客観的実在と一致する観念や判断およびそれに類するもの」（3頁）と説明している。杉原は、「公教育における知育中心原則」（Ａ）と「選択教化的徳育の原則的排除と宗教的・思想的・政治的中立性の原則」（Ｂ）を合わせて論じているが、両者の関係についてＡが根本原則でありＢがＡの不可欠の原則であると説明している（157頁）。

杉原は、公教育における知育中心原則を、日本国憲法からどのように確認しているのか。短く要約してみたい。日本国憲法は人々に宗教・思想信条の自由を不可侵の人権として保障しているのだから（20条・19条）、もし公教育が知育とは異なる選択教化的徳育を行えば、子どもが自分自身で宗教・思想信条等内心にかんする問題を決定することを損なってしまう。これが公教育における知育中心原則の要諦である。

ここで杉原は、日本では、教育の文言が知育、徳育（訓育）、体育、全人教育等、多様な意味であいまいに用いられてきたことを問題にしている。これにより、教育の文言を使用する論議・論争では、「すれ違いがあたり前」になっており、「法律用語・憲法用語として「教育」の文言を用いる場合にも、その傾向が強い」ことを指摘している。だが、「少なくとも、憲法問題・法律問題として検討する場合には、そこで問題となっている「教育」の概念を」「限定された概念を示す別の文言」（2頁）で用いる必

要があるとした。こうして杉原は公教育における知育中心原則を導きだしている。

　杉原は、公教育が「人によって異なる宗教・思想信条等の諸価値の選択教化的教育の排除原則および公教育の宗教的・思想的・政治的中立性」を欠いて「選択教化的徳育に入りこむ」ことになれば、何が生じるかについても、5点にわたり記している（157頁）。

　1つ、「公教育は、児童・生徒の宗教・思想信条の自由を組織的に侵害」する。

　2つ、「児童・生徒の親権者の宗教・思想信条の自由や監護教育権をも同様に侵害」する。

　3つ、「さらには公教育の担当者としての教師に児童・生徒の人権侵害行為に加担することを求める」ことになる。

　4つ、「公教育の場をもろもろの思想闘争の場にすることに」なる。

　5つ、それらの結果として、「公教育は、児童・生徒を「科学にいざなう」ものではなく、反歴史的で独善的な宗教・思想信条の持ち主を組織的に創出する手段に転落させられること」になりかねないとした。

　ここでは、これまで公教育における知育中心原則という言葉で説明されたことはないけれども、公教育に選択教化的徳育を持ち込むことについて教員が批判と自制を重ねてきた事例を参照しておきたい。

　雁部桂子は、1984年に着任した公立小における「学校のやり方」が、鎌田慧『教育工場の子どもたち』（講談社1984）に記されていた管理教育の学校の事例と「似ている」と思ったと述べている[14]。その「学校のやり方」とは、「教員を上から徹底的に管理するやり方」であり、「そうした学校のやり方は子どもたちにも貫かれて」いたという。こうした学校では、「「こういう社会規範がいいんだ、こういう価値観がいいんだ」っていうことを子どもたちにスムーズに教えるためには、押し付けていくのが一番効率的」だと考えられているようだった。雁部は、そうした「やり方」を受け入れることが出来なかった。雁部自身が1950年に小学校に入学して、「その頃は先生たちも自由だし、私たちも自由」だったことを経験していたからだ。雁部はどう対処したのか。1987年に次のように記している[15]。

　　息づまる職場の中で、仲間の存在が支えだ。毎日のような話し合い

で、職場を変えていくことと私たちの実践をどう創りだすかは、切り離せない課題であることを確かめあった。

　雁部たちは、特定の社会規範や価値観を押しつけていく動きに、自らの教育実践を対置していった。その教育実践は、子どもの生活の事実を大切にして、学問の成果や地域の事実を子どもと学習することを基本としていた。雁部たちは、親が皮革工場で働いている子どもが皮革産業への周囲の偏見に接して嫌な思いをしていたことが分かると、皮革工場の学習に着手した。まず子どもたちに皮革製品に触れる機会を用意し、次に子どもたちと原皮から革への製造工程を学び、子どもたちと皮革産業の実像（真理・真実）についての認識を深めていった。こうした雁部の教育実践をふまえて、墨田区教育委員会が発行する社会科副読本には1986年度版から皮革工場がとりあげられるようになった[16]。真理・真実にはそれ自体に力がある。教員が選択教化的徳育の押し付けから距離を置き、真理・真実の力で子どもを励まし、そうした教育実践に立場をこえた支持を得てきた事例は、雁部以外にも無数にある。

4．知育における教育権の独立・自由
　この原則について杉原は、知育の「内容・方法」を説明するところから始めている。まず、「知育においては、人によって異ならない普遍的な価値である真理・真実が主内容とな」るとしている。次に、知育においては、「その内容の故に合理的な論証〔結論への筋道を証明すること〕を方法とすることが不可避」（158頁）とした。
　吉岡数子（1932 - ）の教育実践には、こうした知育の「内容・方法」の説明と重なるところがある。吉岡は「いかに歴史の真実であっても強制的に教えてはいけない」と述べている[17]。「戦時中に私たちが押しつけられてきたように伝えてはいけない」からだ。1989年度に吉岡のクラスで子どもたちが自分の家のことを調べると「都市空襲、沖縄戦、原爆など〔日本人の〕被害の史実」は出てきたが、アジアへの侵略の史実は出てこなかった。そこで吉岡は、自身の体験をB4紙の「かぞくしんぶん1号」にまとめて子どもに提示した。紙面左肩には吉岡が5歳のとき朝鮮総督府官舎で撮影した家族写真が掲載され（1937年9月4日撮影）、その右側に次の囲

み記事がおかれた。

　　おとうさんのしごと　せんせいのおとうさんは、くにのめいれいで、
ちょうせんの人たちが、ずっとたいせつにしてきたいえや田んぼやは
たけをむりやりとりあげるしごとをしていました。日本人がちょうせ
んのくにをじぶんたちのものにして、大きいいえや、いい田はたをと
りあげたので、ちょうせんの人たちはすむいえもしごともなくなりま
した。せんせいがすんでいたいえもとりあげたいえでまいごになるぐ
らいひろいにわがありました。だからせんせいは大きないえがきらい
です」。

　吉岡は、アジア太平洋戦争には日本によるアジアの侵略戦争という側面
があったという真理・真実（「内容」）を教え込むのではなく、子どもたち
自身が戦争の史実を掘り起こし、不足する史実は吉岡が補って提示し、子
どもがゆっくり結論を発見していく「方法」をとってきた。杉原によれば、
真理・真実こそが教員が教えるべき「内容」であり、論証こそが教員がと
るべき「方法」ということになるが、こうした説明は吉岡を始めとする多
くの教員が重視してきた考えと重なる。
　さらに、杉原は、「その具体的な内容・方法を児童・生徒の発達段階に
即して教育科学的・専門領域的にきめこまかく決定すること」も教員には
「求められる」（158頁）としている。ここで杉原は「発達段階」と「教育
科学的・専門領域的」の語義を説明していないが、少なくとも次のことは
述べている。「知育の具体的な内容・方法を子どものXに即して、Yにも
とづききめこまかく決定することも教員には求められる」ことである。こ
こでは、この論理を「子どものXとYから教員が知育の内容・方法を決め
る原則」と仮称しておく。
　「子どものXとYから教員が知育の内容・方法を決める原則」を永田守
の教育実践から検討しておこう。1歳のとき阪神・淡路大震災に遭った子
どもが2005年度に小学6年生になったとき、永田は授業の内容として地震
の原因をとりあげることを決めた。国の教育課程基準（小学校学習指導要
領）は小学生に地震の原因の学習を求めていない。永田による決定は、子
どものX′に即して、Y′にもとづききめこまかく決定したものだった。X′

には「発達段階」というよりは「生活の事実」の語が入り、具体的には、
Aが不安や緊張をかかえて生活をしていたことを指す。Y′には「現場の教
育学」の語が入り、具体的には、震災体験に向き合うことで子どもは不安
や緊張を軽減するだろうと永田が考えたことを指す。古代の人々にとって
地震は不可知の世界だった。不可知は恐怖だが、今日は地殻変動の研究の
進展によって原因の解明が進んでいる。授業中、子どもは、「あーこれで
大丈夫と思った」[18]とつぶやいた。「子どものXとYから教員が知育の内
容・方法を決める原則」の検討は道半ばであるが、戦後教育実践史と近代
公教育諸原則の接点として重要な可能性を占めていることを指摘しておき
たい。

　さて、杉原が、知育の「内容」を「真理・真実」と説明し、そこからそ
の「方法」を「合理的な論証」と説明し、そうした「内容・方法」を教員
が子どものXとY（「発達段階に即して教育科学的・専門領域的に」）から
決定すべきと考えたことを見てきた。これらのことから知育は次の5点を
不可欠とするという（158〜160頁）。

　1つは、「知育の内容と方法の故に専門的知識をもつ教師による教科の
担当および専門職集団としての教員集団の自治の保障」である。教師間に
も知育の内容・方法について理解の相違が起こるから、専門職集団による
検討・批判・助言が合理的で現実的な問題解決になるという。大学におけ
る教授会自治の保障を普通教育にも及ぼすべきとしている。

　2つは、上から当然に導かれることとして、「知育について素人である
うえに党派的多数決の世界でもある政治（とくに立法・行政）からの独立
を、知育担当の教師に保障すること」である。「知育の内容・方法が真理
の問題・教育科学的専門技術的配慮の問題であるところからすれば、それ
は、公権力からの独立・自由を不可欠」とするという。教師は、知育におい
ては、「党派的多数決世界そのものである立法からの独立を求められるだ
けでなく、また行政官的上下関係にあることもできない」としている。

　3つは、知育の担当者の「教育権の独立」・「教育の自由」の権利性を、
「人権の一種と解するほかはない」ことである。ただし、その説明につい
ては、少しわかりづらいところもあり、本稿の結びにかえてで改めてとり
あげることにする。

　4つは、1〜3からすれば、「知育中心の教育は、憲法23条が保障する

「学問」と異質の知的精神的活動ではなく、その同質性にこそ注目しなければならない」ことである。

　5つは、以上のいずれからしても「公教育の内容・方法は、専門職としての教師・教師集団が決定すべき事項となるはず」であることである。杉原は、立法とその委任による行政が「大綱的基準」を設定しうるという見解が有力であることについても、「日本国憲法下の公教育につき「真理教育」・「知育」中心の原則が求められているとすれば、肯定できることではない」と述べている。

　こうした杉原の見解については3つのことを論じておきたい。第1は、「教育権の独立・自由」に関連しては、もっとも有名な指摘の1つに、旧教育基本法の制定に関わった田中耕太郎の「教育の独立」論があることだ。田中の論と比較することで杉原の見解をより鮮明にできる。杉原は田中の「教育の独立」を次のように評価している。「田中は、教育が人格・人格価値に奉仕する活動であり、それ故にその職務の性質上、通常の政治・行政外の仕事であり、教育・教育者は司法・司法官的独立性をもつべきであることを強調」しており、「現在においても、注目すべきもの」である。しかし、「田中の論稿には、いくつかの気になる点」もあるという。その一つが、「教育と学問とを区別」していることだ。田中は「学者」が「真」に奉仕する者であるのに対して、「教育者」は「人格」に奉仕する者としている。田中は教育を「学習者の徳性をも向上させる個人的活動」ととらえることによって、「相対的な価値の選択教化の余地を残し」ており、その意味で「児童・生徒やその親権者等の思想信条の自由の保障と抵触する余地を残し」（165頁）ているとした。

　あえて単純化して田中と杉原の論を整理してみたい。田中は、日本国憲法に教育の自由・独立を明示する規定がないことを重視して、「人格」への奉仕という仕事の性質からその独立を主張していた。これに対して杉原は、日本国憲法に包括的自由権（13条）、学問の自由（23条）、公教育の知育中心原則に関わる諸規定（19・20条ほか）があることを重視して、知育（真理・真実・論証）という仕事の性質からその独立を主張している。田中と杉原の論は「教育に独立を求めること」では重なりを見せているが、その論拠となる教員の仕事の性質把握については違いがあり、日本国憲法における教育の独立の要求についても、「無し」とする田中と「あり」と

する杉原で違いを見せていた。

　第2に、「教育に独立を求めること」（田中と杉原の共通項）については、戦後日本の教職員がある時期まで強くそれを支持してきたことだ。その支持の前提となったのが「戦争の時代にたいする悔恨」という情念だったように思われる。内田宜人（1926‐2016）によれば、この情念は、「戦場に送った教え子の死を見ながら生き延びた教師の悔恨、国家のあやまちを己のあやまちとして引き受けようとする自省と自戒、戦争体制の再現にたいしては今度こそ悔いなき抵抗をつらぬこうとする決意」[19]をその内容としていた。国策に沿った戦前教育の結末の悲惨は誰の目にも明らかで、戦後に国家が再び教育に介入することへの警戒と批判は、ある時期まで広く共有されたものだった。だが、こうした教職員においても、戦後における教育のあるべき姿や、教員の仕事のあるべき姿についてのイメージが、十分につくられていたわけではない。「教育に独立を求めること」への教職員の支持は、一方ではそれを侵した国家の過ちについての強いイメージを伴っていたが、別の一方では守るべき教員の仕事についてのイメージを十分に持たないというものだった。

　第3に、「教育に独立を求めること」の根拠については、旧教育基本法の次の規程から説明されることが戦後日本の教育界では多かったことだ。「教育は、不当な支配に服することなく、国民全体に直接に責任を負って行われるべきものである」（10条）[20]。これに対して杉原は、先述したように、「教育の独立を求めること」が日本国憲法に由来することを重視しており、旧教育基本法10条については、「教育基本法における憲法確認的な諸規定」の一つとして位置付けている。

5．相対的諸価値にかんする知識としての教育の必要性

　公教育における知育中心原則が普遍的な諸価値の教育を求めているのに、なぜ、この原則が求められるのか。その理由を杉原は、国民が「日常生活においては、もろもろの相対的諸価値にかこまれ、その影響下で生活をしている」（167頁）ことから説き起こして、2点から説明している。

　1つ、「それらについての正確な知識を欠くと、政治・経済・社会・宗教・民族等にかんする重要問題についての判断を誤り、それらをめぐる対立を助長する」ことにもなりかねない。2つ、「権力担当者は、それらに

つき意図的に誤った情報を流布することによって、国民を特定の方向に誘導しようと」さえもする。このため、「人によって異なる宗教・思想信条等の悪用を避け、平和的共存をはかるためには、異なる相対的諸価値を知識として公平な学習・教育の対象とすることが不可欠」であるとした。

　杉原は、この原則の説明に際して、新旧の教育基本法に注目することも読者に求めている。旧法の前文に「個人の尊厳を重んじ、真理と平和を希求する人間の育成を期す」ことと「普遍的にしてしかも個性ゆたかな文化の創造をめざす教育を普及徹底」すべきと書かれている。「個人の尊厳を忘れ、相対的な諸価値について必要な知識を欠けば「対立する諸価値の平和的共存も、対立を克服する普遍的価値を創り出すことも」できない。これは、「多様な宗教・思想信条等の持ち主またはその子ども」が参加する公教育の課題である。旧教育基本法に「良識ある公民たるに必要な政治的教養」の教育における尊重の規程があり、現行の教育基本法に同様の規程があることにも杉原は注意を促している。

　山本晴久の「千葉県柏市の放射線問題」の授業には、こうした原則の教育と重なるところがある。原発事故後の2011〜12年に環境大臣が8県104市町村を汚染状況重点地域に指定したが、柏中央高が立地する柏市もその1つだった。「市民の不安、行政の苦悩、両者の対立の根本的な原因」を山本は次のように考えた。「「低線量被ばく」に長期間晒された場合の健康影響が科学的には明らかにされておらず、専門家の間でも見解が異なるということに尽きる」[21]。そこで山本は、放射線防護の基本的な考え方として、「社会的に可能な限り合理的な範囲で被ばくを低減するための対策を講じること」があることに着目した。「柏の子どもたちを放射線汚染から守る会」の取り組みが柏市除染計画に影響を及ぼしたことは、この「可能な限り合理的な範囲」を社会で決める過程だったのではないか。こうした整理にもとづき、10回の授業が行われた。

　第1〜5回では、「放射線に関する科学的知識を丁寧に理解させること」が目指された。とくに第4〜5回では、低線量被ばくの健康影響について異なる見解を持った専門家の話を聞いた。第7〜9回では、柏市における市民と行政の協働による除染計画に関わった地域住民の話を聞いた。第6、9、10回では、生徒たちが、考えの違いを尊重しながら議論を行った。「科学的に危険と証明できないので安全とみなす」べきか、それとも「科学的に

安全と証明できないので危険とみなす」べきか。生徒は「柏市の事例を学ぶ中から、社会問題の解決にあたっては、切実な当事者意識を持つ人々が十分な情報をもとに判断していくとともに、立場や見解の異なる人々との合意を粘り強く」つくることが重要であることを学んだ。

6．例外的な「徳育」の必要性

　公教育では選択教化的徳育の原則的排除が求められているのに、なぜこの原則がとりあげられるのか。その理由を杉原は、知育の場としての公教育が、「その教育の内容と方法の故に多数決世界としての政治・行政から独立し、自治の場とならざるを得ない」（168頁）ことから説き起こして、2点から説明している。

　1つ、知育の場としての公教育が自治の場とならざるを得ないのは、「大学が、研究・教育の場であるが故に自治を保障されるのと同様」である。この論旨は、戦後教育実践が、教員の仕事として、学問の成果を子どもと学習すること、及び、子どもと学問を創造することを見い出してきたことと適合する。

　2つ、「学習主体としての児童・生徒は、多種多様な宗教・思想信条の持ち主であるから、公教育の場は、その自治のために、児童・生徒の発達段階に即した教育科学的専門技術的配慮に立つ行為規範（道徳）をもちかつその教育・学習を必要」とする。ここでも杉原は「発達段階」と「教育科学的専門技術」の語義を説明していないが、少なくとも次のことは述べている。「公教育は自治のため子どものXに即したZ的配慮にもとづく道徳をもちかつその教育・学習を必要とする」ことである。ここでは、この論理を無着成恭の教育実践から検討しておこう。

　『山びこ学校』の底本となった学級文集創刊号の冒頭には、「きかんしゃ」という無着の詩が掲げられていた。その詩の中に次の言葉があった。「きかんしゃの子どもは　なんでも　なぜ？　と考える人になろう」。これは、無着による学級を成立させるための行為規範（道徳）の提案でもあった。無着による道徳の提案は、子どものX′に即したZ′的配慮にもとづくものだった。X′には「発達段階」というよりは「生活の事実」の語が入り、具体的には、学級の43人が1935年度に生まれており、敗戦時には国民学校4年生で、戦後の教員たちの豹変に接して不信の念にとらわれていたこ

とを指す。Zには「無着自身の戦中教育体験」の語が入り、具体的には、1927年生まれ無着が次のような体験を経ていたことを指す[22]。

　　天皇陛下のために死ぬことが、悠久の大義に生きることだ」この言葉が旧制中学を卒業するまでの18年間、ことあるごとに聞かされたのです。ところが突然、「死ななくともよい」ということになったのです。それが敗戦です。「えっ」と思いました。死ぬことが生きることだという考え方しかたたきこまれていませんから、「死ななくともよい」と急に言われても、生き方がわからなくなったのです。

　このとき政府が定めた内容を鵜呑みにする教育の結末の悲惨は誰の目にも明らかだった。無着は、「なんでも　なぜ？　と考える人になろう」と呼びかけることで、それらとは一線を画した教育をつくりだそうとしていた。「公教育は自治のため子どものXに即したZ的配慮にもとづく道徳をもちかつその教育・学習を必要とする」の検討は緒についたばかりである。だが、この論理が、戦後教育でも様々な質と経緯で広範に行われてきた道徳教育の中で、どれが行うべき道徳教育なのかを整理する重要な問題提起になっていることは指摘しておきたい。

　この原則に関して、杉原は、「憲法的諸価値」と公教育における知育中心原則（普遍的な諸価値のみを公教育の内容とする）との関係についても問題としている。憲法的諸価値とは、立憲主義の体制、平和、人権、社会国家（福祉国家）、文化国家、民主主義、地方自治等である。杉原は、「立憲主義の体制は、日本を含めて世界のほぼすべての国において受けいれられており、その価値の普遍性についてはほぼ共通の合意」があるだろうとしている。だが、「憲法の定める諸価値のすべてについて普遍性が認められているとはなおいいがたい」から、公教育はこれにどう対処すべきなのか。杉原の結論は、「憲法的諸価値は、必ず公教育の内容となる。しかし、その真理性が問題となる諸価値については、真理性をめぐる公平な議論が求められる」（169頁）というものになっている。

7. 公教育における教育担当公務員（教員）の教育の自由 - 教員の教育権の独立の問題

　すでに杉原は、知育における教育権の独立・自由（の原則）を説明する際に、「政治からの独立を、知育担当の教師に保障すること」を述べていた。ここで改めて、教育担当公務員の教育の自由と独立を原則として立てているのは、杉原によれば2点の「確認・処理」が必要だからである（170頁）。

　1つ、公務では公務員の人権が制限されるが、「その制限は担当公務の遂行に必要最小限」でなければならない。公務を理由に、「19世紀ドイツや明治憲法下の日本におけるような特別権力関係論を前提とした広範な制限は認められない」こと。このことは「少なくとも学説上は通説的」である（170頁）。

　2つ、公務における公務員の行動を規制するにあたっては、①「一方で公務員に履行を求める公務が憲法に適合的であること」が必要とされ、②「他方でその担当公務がどのような内容・性質の公務かが問題」となる。②に関して、改めて公教育における知育中心原則と知育における教育権の独立・自由（の原則）が参照され、「教師は、その公務の遂行においては、特定の政党・政派から独立しかつ行政上の上下関係に立つことができず、「裁判官的な独立性」を維持すること」が不可欠とした。

図表　各人の学習の自由と公立学校・親権者・私立学校の役割

各人の学習の自由	公立学校	親権者	私立学校
○真理・真実の学習の自由	○知育 ○相対的諸価値にかんする知識としての教育 ○例外的な「徳育」	○知育	○知育
○宗教・思想信条の学習の自由	×選択教化的徳育	○徳育	○選択教化的徳育

杉原泰雄『憲法と公教育』156〜173頁より作成

8．私教育の自由

　ここまで概観してきた5つの近代公教育諸原則は、いずれも公教育（国公立学校の普通教育）の内容を問題とするものであり、その内容に関わってとくに教員の役割やその権利性を説明するものだった。そうした説明は

図表における左から2番目の枠内に対応している。

　それに対して、この原則においては、1）各人の学習の自由、2）親権者の教育の自由、3）私立学校の設立とそこにおける教育の自由、が説明されている。それらの説明は図表における残りの3つの枠内にそれぞれ対応している。

　ここでは1）と2）をとりあげたい。各人の学習の自由について、杉原は、「宗教・思想信条・真理真実等内心に関する問題」（171頁）から説き起こしている。この問題は、「決定の方法は多様であっても、最終的には本人が納得して決定すべきことで」あり、そのことから各人の学習の自由を不可欠のものと導き出している。その上で、各人の学習の自由は憲法のどの条文が保障しているのかを問うている。宗教・思想信条についての学習の自由は「20条・19条によって保障」され、真理・真実の学習の自由については「19条・23条の保障にも含まれるものと解される」としている。杉原は、これらのことを「児童・生徒の学習権」（171頁）という言葉でも論じているようである(23)。筆者の狭い読書の範囲内での知見になるが、子どもの学習権というとき、その学習権の内容を厳密に憲法論として整理することは少なかった印象がある。これに対して杉原は、「宗教・思想信条についての学習の自由」と「真理・真実の学習の自由」を峻別していることが特徴になっている。

　親権者の教育の自由については、「児童・生徒の学習権のためのものであるから権利ではなく、権限にすぎないともいわれる」と述べた上で、それに次のような指摘をしている（172頁）。1つ、「公権力の介入を招きやすい権限ではなく、憲法上の権利と解すべきではないかと思う」。2つ、「児童・生徒の学習権との関係では、その学習権の的確な行使を妨げるものであってはならないとする内在的制約の問題と解したい」。これらの指摘は、親権者の教育の自由と子どもの学習権が衝突する事態を想定して、「公権力の介入」によって問題を解決するのではなく、親権者の教育の自由にはそれ自体が持っている限界を認めて解決しようとするものだろう。

　親権者の教育の自由それ自体が持っている限界はどこに定められるのだろうか。杉原は、「親権者による教育のうちに知育と徳育が含まれており、その両者が内容と方法を異にしている」ことに注目している。知育については、「内容が真理・真実」で「合理的な論証」がその方法となるので、

「教育的裁量の余地は少ない」という。しかし、徳育については、「知育とくらべて内容・方法ともに大きく異なっているので、宗教・思想信条の自由を憲法上各人の権利として保障している国においては本人決定の余地が相対的に大きい」という。

結びにかえて─教員の教育権と子どもの学習権

　杉原は、親権者の教育の自由（親権者の教育権）と子どもの学習の自由（子どもの学習権）が衝突する事態については想定をして、その解消の道筋を憲法論から整理しようとしていた。では、杉原は、教員の教育の自由（教員の教育権）と子どもの学習の自由が衝突する事態についてはどのように考えていたのだろう。この点については大きく2つの枠組み（原則）が用意されていたように思われる。

　1つは、公教育の範囲（いわば教員の仕事の範囲）を知育中心に制限する枠組みである。この枠組みの下では、教員が選択教化的徳育の仕事に入り込んで、子どもの学習の自由（その中の宗教・思想信条についての学習の自由）の侵害に手を染めることは理念的にはあり得ない。

　矢定洋一郎の言葉が、この杉原の枠組みと重なっているように筆者には思える。「1」で論じたように、矢定は、「学校に来ない、来られない子どもたち」に、教職員がどうした「気持ち」で向き合うべきかを6つにまとめていた。その中の「①学校に来なくていい」は、現実の公教育が選択教化的徳育に大きく入り込んでおり、子どもの宗教・思想信条についての学習の自由の侵害が頻繁に行われている状況に対応した言葉でもあったのではないか。「④教師という立場性の放棄」は、教員がたえず「上から目線」で選択教化的徳育を続けて子どもに煙たがられていることへの自戒の言葉でもあったのではないか。

　2つは、公教育の範囲を知育中心に制限することによって、教員の知育に関しては、そこに教員の教育の自由を確認する枠組みである。杉原は、教員の知育の自由と子どもの学習の自由が衝突する事態について、わかりやすい形で論じてはいないが、以下の記述の中にはそのことが織り込まれているようだ（159頁）。

　　知育の担当者の「教育権の独立」・「教育の自由」の権利性が問題

となるが〔①〕、政治からの独立性を保障されるべきものとしては、人権の一種と解するほかはない〔②〕。児童・生徒の「教育を受ける権利」・「学習権」のためのものとして、権限にとどまるものとする学説も有力であるが〔③〕、それは教育権・教育の自由における「内在的制約」と解すべきものと思う〔④〕。

　この記述には、杉原が「各人の学習の自由」について論じていた内容〔⑤〕を付加したほうがよいように思われる。また、この記述では、①→②→③→④の順序で論述が行われているが、そこにもわかりづらさがあるようだ。次の順番に変えて、下線部分を補ってみたい。

　⑤日本国憲法は、児童・生徒にも「真理・真実の学習の自由」を保障している。
　①日本国憲法は、知育の担当者に「教育の自由」を保障しているが、その権利性が問題になる。
　③なぜなら、知育の担当者の「教育の自由」については、児童・生徒の「教育を受ける権利」・「学習権」（とくに「真理・真実の学習の自由」）のためのものであるから権利ではなく、権限にとどまるものとする学説も有力であるからだ。
　②だが、政治からの独立性を知育に保障するためには、そうした「知育の自由」を、公権力の介入を招きやすい権限ではなく、憲法が保障する人権の一種と解するほかない。
　④児童・生徒の「教育を受ける権利」・「学習権」との関係では、それらの的確な行使を妨げるものであってはならないとする教育権・教育の自由における「内在的制約」と解すべきものと思う。

　要約すると、杉原は、教員の知育の自由と子どもの学習の自由が衝突する事態についても理論の中に織り込んでおり、「公権力の介入」によって問題を解決するのではなく、教員の知育の自由にはそれ自体が持っている限界を認めて解決しようとしていたのではないだろうか。教員の知育の自由それ自体が持っている限界については、知育は「内容が真理・真実」で「合理的な論証」がその方法となるので、「教育的裁量の余地は少ない」と

考えていたはずである（親権者の知育の自由についてそう述べていた）。

　杉原の近代公教育諸原則の意義を一言で要約すると、公教育の範囲を立憲主義的に知育中心に限定することによって、一方では権力の介入を防ぎ、他方では教員の教育権と子どもの学習権が衝突する事態を解消するものとなるだろうか。戦後教育実践史の歩みの中から見えてきたこととの重なりも筆者が思っていた以上に大きく、このことは杉原の近代公教育諸原則が日々の仕事の実感をふまえた教職員の支持を得ていく可能性を示しているように思われる。杉原の近代公教育諸原則には大きな希望が感じられる[24]。

　　注
（１）　多忙への対応を前面に掲げながら、教員の「業務を大胆に見直」す動きが国の側からつくられていることもあり、その解明が急務である。詳しくは田口康明「教員の多忙化への対応を通じた統制」『公教育計画研究』11、2020年参照。
（２）　教育実践について、「教育の実際の活動を意識的に把握しようとする言葉」とする説明がある。横須賀薫「教育実践」『新教育学大辞典　第2巻』第一法規、1990年。
（４）　善元幸夫『おもしろくなければ学校じゃない　善元流わくわくしちゃう総合学習』アドバンテージサーバー、2001年参照。
（５）　徳水博志『震災と向き合う子どもたち―心のケアと地域づくりの記録』新日本出版社、2018年参照。
（６）　兵庫県教職員組合・兵庫県教育文化研究所編『いのち　やさしさ　まなび―兵庫発の防災読本』アドバンテージサーバー、2005年、21～25頁に永田守の教育実践記録が掲載されている。
（７）　『教育実践アーカイブズ』（9）、2022年に渡部義弘が2013～2020年に公表した教育実践記録のタイトル4件が収録されている。
（８）　海老原治善は、1912～45年の教育実践史を叙述し、日本の教員が「その時代の核心的な歴史的、社会的な教育課題にどう立ち向かったのか」と問いを立てて、戦前から戦後に引き継ぐべき「歴史的、社会的な教育課題」として「児童解放」「貧困」「反戦平和」「『地域』にねざす教育」があり、新たな教育課題として「疎外」「差別」があると指摘していた。『現代日本教育実践史』明治図書、1975年。
（９）　佐藤藤三郎『ずぶんのあだまで考えろ―私が「山びこ学校」で学んだこと』本の泉社、2012年。
（10）　『教育実践アーカイブズ　別冊（研究資料）』、2010年には雁部桂子が1982～2010年に公表した教育実践記録15件が収録されている。
（11）　大森直樹・大橋保明編『3・11後の教育実践記録　第2巻　原発被災校と3・11受入校』アドバンテージサーバー、2021年、172～182頁に山本晴久が2013年度に公表した教育実践記録が掲載されている。

(12) 矢定洋一郎『学校ぎらいのヤサ先生　連戦連笑ーホントに愉快なこと
　　は、これからサ?!』續文堂、2011年　には矢定が1976～2009年に公表し
　　た教育実践記録43件が収録されている。

(13) 杉原は、フランス革命初期の諸憲法における近代公教育諸原則の明示、
　　1791年憲法下における数学者・政治家のコンドルセ（1743 - 1794）の
　　近代公教育諸原則の正当化論などを検討している。日本については、内
　　閣法制局長官の井上毅の1890年の教育論について検討を行い、「コンド
　　ルセほどの体系性をもって近代的な公私教育の諸原則を明示してはいな
　　いが、類似の教育諸原則を読み取ることができそうに見える」（133～
　　134頁）としている。しかし、現実に創出・展開された公教育体制は、
　　「上からの近代化」に適合的な選択教化的な徳育を行う「外見的近代公
　　教育」の体制だったと指摘している（138頁）。

(14) 雁部桂子「つなぐこと（１）ー子どもとの9480日から」大森直樹編
　　『子どもたちとの７万３千日ー教師の生き方と学校の風景』東京学芸大
　　学出版会、2010年。

(15) 雁部桂子「人のやさしさ　人の勇気を学んで」墨田区立第三吾嬬小学
　　校、1987年８月26日、４頁。

(16) 雁部桂子「皮革工場で学習したいこと」墨田区教育研究会社会科部会
　　報告、年代不明（『教育実践アーカイブズ　別冊（研究資料）』2010年、
　　26～28頁所収）。

(17) 吉岡数子『「在満少国民」の二〇世紀　平和と人権の語り部として』
　　解放出版、2002年、ⅲ頁。

(18) 永田守より2014年１月29日取材。

(19) 内田宜人『私説　戦後情念史』續文堂、2013年。

(20) 新教育基本法はこの規定を「教育は、不当な支配に服することなく、
　　この法律及び他の法律の定めるところにより行われるべきものであり
　　〔後略〕」に改めている。杉原は、「教育の独立性の要求が憲法に由来す
　　るものであるところからすれば、その例外を下位法で勝手につくり出す
　　ことはできない」とコメントしている（155頁）。

(21) 山本晴久「「コンセンサス会議」の手法を用いた「千葉県柏市の放射
　　線問題」の授業」前掲『3・11後の教育実践記録　第２巻』172～182頁
　　所収。

(22) 無着成恭「岩波文庫版あとがき」無着編『山びこ学校』岩波書店、
　　1995年、354頁）。

(23) 杉原は同書171頁の「（ⅰ）各人の学習の自由」の項内では「児童・生
　　徒の学習権」の語を用いていないが、同頁の「（ⅱ）親権者の教育の自
　　由」では、その冒頭から「児童・生徒の学習権」の語を用いている。

(24) 杉原は、『憲法と公教育』のはしがきで次のように述べている。「今回
　　の仕事を通じて、公教育の憲法論につき、これまでとは異なる感触をえ
　　た。」「日本国憲法下でどのような公教育諸原則をもって対処するのが妥
　　当であるか、多少とも見えてきたように思う」。同書ⅰ～ⅱ頁。

書評

書評

大森直樹・大橋保明編著、一般社団法人教育文化総合研究所編
『3・11後の教育実践記録第1巻 地震・津波被災校と3・11受入校』
『3・11後の教育実践記録第2巻 原発被災校と3・11受入校』

元井　一郎

　学校教育における教育実践のあり方、つまり、教育課題や教育内容をどのように構築あるいは創造するのかという方法論に関する議論は、十分に展開されているわけではない。学校に関わる様々な議論は、多くの視点から交わされてきているが、学校における教育実践と教育の課題についての構造を論究する研究はそれほど多くはない。本書2冊（以下、本書と略）は、2011年3月11日に発生した東日本大震災後における「教育の歩みを10年が経過した時点で振り返り、そのことを通じて、これからの教育のあり方を明らかにすることを目的」にするという意図に基づいて編纂されたものである。こうした編著者の意図には、未曽有の自然災害（同時に自然災害を契機に発生した人災を含む）を契機とする教育実践が新たな教育課題の創造に向かうこと、さらには、教育内容や教育課題という学校教育のあり方を再構築することができるのかという議論が孕まれている。その意味で、本書の編纂における編著者の構想は、現在の学校教育における教育課程や教育内容を作り出す方法論を改めて検討するという大胆な挑戦であると指摘してよい。本書のこうした編著者の意図（挑戦）については、本書の構成等を概観したのちに改めて検討してみたい。

　まずは、本書の構成を中心に概観しておきたい。本書は、何よりも東日本大震災後の教育実践記録に着目し、その整理と収集を行うことを第一義的な目的に構成されている。具体的な本書の構成は、教育実践第1巻「地震・津波被災校と3・11受入校」と第2巻「原発被災校と3・11受入校」となっており、そこには、編者による以下の4点に整理される特徴と編集の方針が貫徹している。

　1）東日本大震災による地震・津波の被災を受けた「地震・津波被災校」および被災地からの避難した子どもたちの受入校（「3.11受入校」）での教育の歩みを振り返ること。

　2）1）に加えて福島第一原子力発電所事故と事故による被災校と被災

地域から避難した子ども達の受入校における教育の営みをも振り返ること。

　3）上記の受入校における教育の歩みについて、教育実践を中心に振り返ること。

　4）地震・津波被災校（福島第一原子力発電所事故による被災校も含む）と3・11受入校における教育実践記録を広く収集していること。

　本書は、東日本大震災による「地震・津波の被災校」さらには避難した子どもたちの受入校での教育実践を振り返り整理することを主要な手段として位置づけ、その振り返りを通して教育実践における新たな試みの創造に結び付けるという方法意識で編纂されている。しかも編著者は、そうした震災以降の教育実践を単に振り返るだけでなく、教育実践記録を精査することを通して、自然災害（さらにはそれに起因する福島第一原子力発電所事故という人災を含む）を「歴史的、社会的な教育課題」として加えるべきだと主張する。編著者は、東日本大震災を契機に展開された教育実践を通して新たに教育課題の創造という可能性を本書において論究しているのである。

　編著者は、3.11以降の教育実践の記録を本書に収集、整理するにあたって、教育実践記録を収集し掲載している『日本の教育』と『日本の民主教育』に着目する方法論を採用する。具体的には、『日本の教育』の第61〜69集を精査し、2011〜19年度の9か年間に公表された5,400件の教育実践のタイトルの中から該当する教育実践記録を収集、整理するという方法論である。

　第1巻では、こうした5,400件の実践記録から「地震・津波被災校で自然災害と向き合った教育実践記録」と「3・11受入校で自然災害と向き合った教育実践記録」という視点から精査し、総計39件の実践記録を選択し、掲載の許諾を得た26件の実践記録を掲載している。併せて、編著者二人による当該実践記録の解説と編著者が作成した「地震・津波被災校一覧」が所収されている。

　また、第2巻では、同様に「原発被災校での原発災害と向き合った実践記録」、「準原発被災校で原発災害と向き合った教育実践記録」、「3・11受入校で原発災害と向き合った教育実践記録等」の61件を選択し、掲載許諾を得た総計42件が収集、掲載されている。掲載された教育実践記録は、原発災害と向き合った福島県での教育実践にとどまらず、福島県以外の教育

実践も掲載されている点に第2巻の特徴を読み取ることができる。さらに、第2巻では、編著者による掲載された教育実践記録の解説、編著者作成の「原発被災校一覧」、さらには山口幸夫（原子力資料情報室共同代表）執筆の「3・11後の教育実践の課題」等が所収されている。第2巻は、原発事故及びそれが引き起こした被災状況が広範囲な地域に共通する教育実践の課題になっているという事実を改めて提示している。

　本書（第1巻、第2巻）に収集された80件以上の教育実践は、2011年3月11日の震災以降の「被災校」あるいは「受入校」において実践された教育の営みが創造し、構築してきた新たな教育課題の存在を私たちに改めて示している。その意味で、編著者の真摯な教育実践記録の確認と整理は、個々の教育実践記録から「被災校」だけでなく被災児童生徒の「受入校」での教育実践が内包させている新たな教育課題の設定という点を提示している。しかも、所収された教育実践記録は、個々の学校で営まれた諸実践の持つ共通性と普遍性についても提示しており、「自然災害」を教育課題にするという教育実践内容の創造の可能性を明示している。

　ところで、本書に収集された80件以上の教育実践記録に関して、編著者はまだ数的に不十分であることについて自覚的である。編著者の一人である大森直樹は、震災に関わる教育実践記録で公刊されたもの以外の「まだ書籍として公表されていない幾多の地震・津波被災校の教育実践記録について改めて参照して、東日本大震災下における教育の歩みの全体を振り返る必要が痛感されてくる」（第1巻2頁）と自省的に記述している。その意味において、編著者によるさらなる教育実践記録の収集と整理が期待されるところである。評者は、編著者による今後のさらなる教育実践とその記録の収集と精査による成果に注目していきたいと考えている。

　ここで、本書において編著者が提示している「新たな教育課題」の創造という論点の前提となっている「教育実践」と「教育課題」に関わる方法論について改めて検討しておきたい。本書第1巻の「はじめに」における編著者の叙述から、海老原治善の「教育実践」論に深く依拠していることが見て取れる。そこで迂遠なようではあるが、海老原の教育実践（論）についての理解を再度確認しておきたい。本書の編著者は、海老原が教育実践の史的研究を踏まえて「歴史的、社会的な教育課題」を抽出するという方法論を踏まえつつ、東日本大震災とその後の教育実践を整理することで

現行の教育課題の新たな創造という理論的な提案が本書の編纂意図なのである。まさに海老原教育実践論の理論的確認、再評価と教育課題の新たな創造という論点が編著者の本書で目指すものであるといえるだろう。

さて、海老原の「教育実践」論は、海老原自身により次のように整理されている。教育実践とは「いうまでもなく時代を超越して、真空のなかでおこなわれているのではない」そして「組織された公教育のなかで展開されている」ということであると海老原は定義する（『現代日本教育実践史』海老原治善著作集３所収）。したがって、「教育が社会現象として存在し、公教育として組織され教育政策の対象となっていることの意味そのものを問うことから次第に「教育実践」の問題に接近してゆくこくことが重要」であると海老原は論じている。つまり、教育実践に接近するためには「公教育として組織され」て、しかも「教育政策の対象」となっているという点を問うことが肝要なのである。既に本書に所収されている個々の教育実践記録にも、教育行財政、あるいは学校組織などという公教育制度の問題点などについての論究や記録が散見できる。さらに第２巻に掲載された教育実践記録では、戦後公教育体制を構築した政治経済構造が内包してきた矛盾の一端である原子力政策が、福島第一原子力発電所事故を契機に顕在化していることが収集された教育実践記録からも確認することができる。海老原の指摘を前提にすれば、公教育において学校教育を担う教職員（教育労働者）もまた矛盾した側面を孕む存在なのである。海老原は、この点について次のように指摘している。

「教育実践のにない手である教育労働者の教育労働は、二つの側面を持っている。第一は、賃労働者として雇用されている限りにおいて、教育政策の二つの目的である体制維持イデオロギーと労働能力の基礎陶冶要求に従事させられ、その限りで、「強制・疎外としての教育労働」に従事させられている。…中略… 第二に、その反面、帝国主義段階を契機にして登場した教育労働運動の発展によって、社会変革の一翼をになう、普遍人間的開放をめざす「解放、発達への教育労働」が生まれることになる。現実の教師は、この強制疎外としての教育労働と解放、発達への教育労働の矛盾、対立の統一において実在している。」（『現代日本教育実践史』海老原治善著作集３　34頁）

海老原のこの指摘は、本書の編著者も十二分に認識されている点であろ

う。そうであれば、公教育内での教育実践およびその記録が内包する矛盾という視点を加味する必要があるだろう。評者自身は、海老原が整理しているように教師自身が自らの教育労働の矛盾、対立を止揚するような存在であるとまでは考えていない。しかしながら、教師は、公教育における教育労働の矛盾や対立の関係性の中にある存在であることは間違いない。その意味で、教育実践あるいはその記録において、対立や矛盾が未整理のまま残されていることを自覚することは重要だと考えている。その点で、教育実践記録の多角的な収集とその整理あるいは精査は慎重に行われる必要がある。編著者が構想する自然災害を新たな教育課題と設定するためには、公教育とりわけ学校教育のあり方それ自身が矛盾した構造であり、それを担う教職員自身も矛盾を孕んだ存在であることを前提にしなければならないことは指摘するまでもないだろう。教育実践記録を収集、精査する際、公教育制度及び教職員自身が矛盾や対立に内在しているという視点から始めなければならないのではないだろうか。自然災害やそれを契機とした人災を、公教育という矛盾した教育的営みとの関わりを基底に捉えることを通して、「社会的歴史的な教育課題」として自然災害も新たな課題として設定あるいは創造できるのではないかと評者は考えている。

　いずれにしても本書での試みは、海老原教育実践論を踏まえ、教育課題の新たな設定の可能性を探るという意欲的なものである。読者には、本書における編著者の意図を改めて理解し、本書が示している学校における教育実践を通した新たな教育課題の創造や構築の可能性を確認していただきたいと思う。

　最後になるが、教育実践記録の収集において、編著者は、本書では学校内での教育実践記録に限定している。そして、記録された教育実践を対象としている。しかし、現代においては記載されたものに拘る必要はなく、映像などによる記録を含めることも考える必要があるのではないだろうか。確かに実践それ自身を相対化するという意味で活字の記録は重要な意味を持つであろうが、それ以外の記録媒体であっても良いのではと評者は考えている。編著者にはこの点を改めて検討していただければと思っている。

　学校教育における教育課程や教育内容についての再編や再構築は、喫緊の重要な課題である。その意味で本書での試みは、改めて議論され深化される内容であると評者は考えている。また、編著者の本書における試み、

教育実践を通して新たな教育課題の設定という方法論理については、今後さらに深化されることを期待してやまない
。　　　　　　　　　　　（公教育計画学会会員・四国学院大学）
［アドバンテージサーバー/2021年4月刊行/第1巻 1,500円＋税　第2巻 2,500円＋税］

大内　裕和著
『なぜ日本の教育は迷走するのか
──ブラック化する教育2019-2022』

福山　文子

　本書は、筆者である大内氏が2019年から2022年にかけて雑誌『現代思想』において行った教育に関わる対談を修正・リライトしたものである。筆者はこれまでも、『ブラック化する教育』(2015)、『ブラック化する教育2014-2018』を上梓しており、本書はその続編との位置づけである。
　以下、第1章から第4章まで、章ごとに含まれる項目と概略を示していく。
　第1章「麻痺する教育現場から問い直す」（内田良×岡崎勝×大内裕和）
　・「学校文化」の問題を問う
　・給特法と教員の働き方
　・管理教育批判の歴史に立ち返る
　・教育改革による転換点
　・「世間の目」や「開かれた学校」
　・教育と貧困
　・麻痺する学校
　・教育とは何か
　この章での対談相手は、小学校の教員として40年以上の現場での経験を有し「現場は教育改革を欲望しない」等の論考で注目されている岡崎勝氏と、教育労働や校則等に関わり多くの著書がある教育社会学者の内田良氏である。3者の対談からは、「小さな政府」路線で教育予算が削られているのに、学校の仕事は無尽蔵に増加し続け（予算と人員を増やさずにサービス強化を行い続け）たことで無理が噴出している様子が伝わってくる。
　「臨教審以降の新自由主義改革の核心の一つが、規制緩和・民営化によ

る『公教育』や『教育の公共性』への攻撃です」（p.39）、「教育改革の前
提となる『教育問題』の多くが、『労働問題』や『社会問題』であると認
識転換をすることが必要です。その上で、教育で可能なこととそうでない
ことを分けることが重要です」（p.59）との筆者の指摘に強く首肯する。
筆者は、「資本蓄積」の公理が教育の領域にまで貫徹し、教育システムが
それに従属している状況からいかに脱却していくかが「これからの教育」
を考える際の必須の課題だと述べている（p.62）。教育をめぐる迷走が何
によってもたらされているのか、気づかされる読者も多いのではないか。

第２章「迷走の教育から闘争の教育へ」（紅野謙介×大内裕和）
・「国語問題」に取り組む契機
・テストをテクスト分析するということ
・大学入学共通テストと新学習指導要領
・「文学国語」と「論理国語」の分裂
・「読むこと」の軽視という問題点
・カリキュラムと階層間格差
・教育改革と教員の多忙化
・何を「評価」するのか
・「闘争」の教育をめぐって

　この章での対談相手は、日本近現代文学の研究者であり、同時に麻布中
学・高校で教壇に立った経験を有する紅野謙介氏である。紅野氏は、改正
教育基本法第一条に「国家及び社会の形成者として必要な資質を備えた心
身ともに健康な国民の育成を期して行う」と「法律に『資質』という言葉
を入れてしまった」ことについて苦言を呈する。資質は本来生得的なもの
であり、養うことはできないからであり、このように「教育の基本的な方
針のなかに日本語としておかしいものがどんどん入ってくるようになっ
た」ことの問題性を鋭く突いている。「主体的に学習に取り組む態度」に
ついても、この「空虚な言葉の中身を充填しようとして、いろいろなかた
ちで他のものが揃えられ、接続されていく」「それが『主体性評価』にま
でつながる現代の問題点」（p.98）との一連の分析は、鮮やかである。
　「徹底的に空疎なんですよね。『主体性』という言葉も『本当に信じてい
るの？』と実際に問いかけてみれば、本音としては『いやあ……』と返っ

てくるのではないでしょうか」との紅野の指摘と（p.104）、「評価や教育
に関わる『空疎な言葉』が飛び交いながら、─中略─事務作業などが膨大
に増加していく」との筆者の言葉から（p.107）、私たち読者は迷走する教
育の背景の一つを確かに捉えることができるだろう。

　第3章「入試改革から見えてくる高大接続問題」（中村高康×大内裕和）
　・入試改革の現在地
　・改革の「理念」を問う
　・「高大接続」をめぐる問題
　・入試をめぐる50年史から
　・マス選抜とエリート選抜をめぐる変容
　・受験生の多様化と一斉学力テストの困難
　・高校教育と大学教育の真の接続のために
　・年齢主義とこれからの高校教育を考える
　この章での対談相手は、教育社会学を専門とする研究者である中村高康
氏である。この章では、これまでの大学入試の実態が正確に捉えられずに
（現実を歪めて紹介し、それを批判するという、いわゆる『藁人形論法』
で）入試改革のプランが練られるという、入試改革における政策決定のプ
ロセスの杜撰さ（p.116）をはじめ、法律で規定されてしまった「学力の
三要素」を、問い直すことなく、「是」として教育改革や入試改革が進め
られてきていることの問題性について語られる。中村の「政治家や行政担
当者、大学人を含め、政府が推奨する案を批判的思考なしにそのまま繰り
返している」（p.122）、「われわれも含めて関係者は、腰を据えて、いま現
在みんなが本当に困っている問題を優先して改善に取り組んでほしい」
（p.154）との言葉は重い。迷走の要因をどこに見いだすのか。たとえ政策
決定のプロセスに杜撰さがあったとしても、私たちは、そこを見抜いて批
判的に思考することはできる。中村の静かな口調に込められたメッセージ
を、私たちはしっかりと受け止める必要があるのではないか。

　第4章「異文化への窓を開く」（鳥飼玖美子×大内裕和）
　・「英語入試」問題
　・英語教育改革の流れ

- ・「コミュニケーション」ことはじめ
- ・大学教育に求められたもの
- ・保護者の望みと公教育の民営化
- ・英語教育の意識
- ・異文化への窓

　この章での対談相手は、同時通訳者であり、長く大学で教鞭を取りつつ英語教育について発信を続けてきた鳥飼玖美子氏である。先ず現在都立高校入試で導入されようとしているスピーキングテストについて、中学生の英語の実力に見合っていない難易度や基準が設定されていること等の問題性について語られる。さらに臨教審が国際化をスローガンに掲げつつも公立中学校の英語授業「週三時間」を放置したことで、結果として公教育の外側の塾や英会話教室など民間教育産業の活性化に繋がったことが指摘される。また、「コミュニケーション」に関しては、1989年の学習指導要領においてこの「コミュニケーション」という言葉を入れたものの（「グローバル化に勝ち抜くため」と称して）、非常に狭い意味の「道具」や「スキル」としてのみ捉えたことにより、その後の誤った英語教育改革が推進され続けのではないかとの見解が示される（p.196）。鳥飼氏は、現在の英語教育を言語教育として貧しくしてしまった要因を、この矮小化された捉え方にみているのである。「英語教育とは英語というスキルを修得するものではなく、異文化コミュニケーションを学ぶためにこそ存在する」との鳥飼氏の指摘は説得力に満ちている。「異質な存在に開かれた心を持つためにも、ー中略ー他者の言語である英語を学ぶことに意味はある」との鳥飼氏の言葉に共感する読者は多いのではないか。

　以上のように、本書が提起する教育の迷走をめぐる課題は多岐に亘る。4つの対談は、その何れもが教育の市場化・民営化を進める新自由主義改革との関係性のなかで、もつれ複雑化してしまった現実を伝えている。このように臨教審以降強化された、教育の自由化路線の罪深さを改めて示しつつも、本書は同時に親の想いや期待（あるいは、「英語教育に対する保護者の不信感や恨み（p.187）」）、「教員は主体的に働かなければならない」との過剰な刷り込みや「どんなに体が動かなくなっても前向きに仕事に取り組まなければいけない」という教員自身の心性、さらには「大学人を含め、政府が推奨する案を批判的思考なしにそのまま繰り返す」姿勢など、

迷走の要因が「こちら側」にも潜んでいることにも気づかせる。

　本書が提示する課題の本質を受け、どこからどのように一歩を踏み出すのか。読み終えたのち、迷走を止めるために思考し、たとえ一歩でも行動する責任を課されたように感じた。「教育の迷走」に関心を持っているすべての人に、是非手に取って頂きたい一書である。

（公教育計画学会会員・専修大学）

［青土社、2022年10月発行、本体価格1,800円＋税］

英文摘要

Annual Bulletin of SPEP NO.14
The Impact of the UN Committee Recommendation to Stop Special Needs Education in Japan and the Future of School Reform

Foreword By AIBA Kazuhiko

Special Papers : The Impact of the UN Committee Recommendation to Stop Special Needs Education in Japan and the Future of School Reform

Series Papers : Reconsideration of Educational Labor Theory

Supporting children facing"problems in life "in educational labor.
 —As a testimonial from three perspectives, non-regular workers, Teacher Development Indicator, emotional labor.—
 By SUMITOMO Tsuyoshi

Postwar educational practice in Japan, and Dr. Yasuo Sugihara' s principles of modern public education
 By OMORI Naoki

Book Review
 By MOTOI Ichiro
 By FUKUYAMA Ayako

English Abstracts

Information about SPEP

Afterword By FUKUYAMA Ayako

Supecial paper : The Impact of the UN Committee Recommendation to Stop Special Needs Education in Japan and the Future of School Reform

Overview of the First Japanese Review of the UN Convention on the Rights of Persons with Disabilities and Challenges Facing Japan: From a Viewpoint of Constructive Dialogue and Concluding Observation

By ICHIKI Reiko

The summary findings of the First Japanese Review of the UN Convention on the Rights of Persons with Disabilities in 2022 made a strong recommendation to discontinue the current special needs education system and promptly shift to inclusive education. What was the reason for this recommendation? This report clarifies the reasons by organizing the constructive dialogue and the concluding observation with a focus on inclusive education. Based on that report, I then summarized the challenges for Japan in the future as a country that ratified the Convention.

Issues with the April 27 MEXT Notice on Cooperation Restrictions criticized in the UN Recommendations

——Who determines the content of education in school ?

By TAGUCHI Yasuaki

The April 27 MEXT Notice Concerning Cooperation Restrictions was for a limited number of hours that Children with and without disabilities spend time together. The problem is that the administrative agency made the decided unilaterally, contrary to the legislation. It does not give the administration the power to do this. However, this MEXT notice affected many local governments.

In September 2022, the United Nations Human Rights Commission in Geneva requested that the MEXT notice be rescinded. At the same time, the committee also called for amendments to segregated education in Japan. This paper points out the legal problems with the MEXT notice.

Discussions and reforms toward the inclusion of Children with Disabilities in Education in Australia: Analysis on the Reforms between the first and 160 second CRPD Periodic Review

By FUKUCHI Kenyarou

This paper analyses the discussion and reforms toward the inclusion of children with disabilities in education in Australia between the first and second CRPD periodic review to draw implications for discussion in Japan. It concludes that the survey for evidence-base discussion including wide range public hearing, reframing education of children with disabilities within the wider issue of education inequity and financing as well as developing the strategy to realize inclusive education are implications for discussions and reforms for inclusive education in Japan.

A record of The Japan Alliance for Inclusive Education activities to promote inclusive education at the UN Committee on the Rights of Persons with Disabilities in Geneva

By NATANI Kazuko

In August 2022, the United Nations Committee on the Rights of Persons with Disabilities held a review of Japan in Geneva. The Japan Alliance for Inclusive Education sent three groups of parents and their children to Geneva to appeal directly to the Committee on the Rights of Persons with Disabilities about the situation in Japan, where segregated education, which is the opposite of inclusive education, is in progress. We participated in private briefings and lobbying activities. In this report, Iwould like to present our preliminary preparations and our struggles in Geneva.

【Special Contribution】

Family associations in Italy: between roots and perspectives for inclusion

By Antonello Mura

In the perspective of Italian special-pedagogy research, aimed at supporting multidisciplinary reflection on the standards for the protection of the rights, identity and autonomy of persons with disabilities, this paper describes the pioneering role played by family associations in the early development of school and social inclusion processes and outlines their current contribution. The historical reconstruction and the pedagogical analysis of the phenomenon bring to light the advocacy role played by the associations since their establishment and their contribution in shaping national historical and political events that, since the 1970s, have characterized the Italian approach to the integration of people with disabilities. Overcoming difficulties and initial marginalization, family associationism has become a milestone in supporting regulatory, socio-political and ethical-civil change processes, supporting and promoting project innovation and inclusion culture for the whole community.

Series Papers : Reconsideration of Educational Labor Theory

Supporting children facing"problems in life "in educational labor.
—As a testimonial from three perspectives, non-regular workers, Teacher Development Indicator, emotional labor.—
By SUMITOMO Tsuyoshi

What I would like to discuss as a preliminary theory in this paper is the aspect of emotional labor within educational labor. This aspect of emotional labor is particularly pronounced in student guidance when dealing with children with life problems. Emotional labor is also the work of directing appropriate emotions with facial expressions and voice. In addition, other occupations include non-regular employment occupations such as counselors and social workers. In terms of teacher development indicators, teachers are required to develop the skills of "acceptance and empathy."

In this way, even in the work of teachers, there is an aspect of emotional labor. Therefore, I consider how to position emotional labor in future educational labor theory is a big issue.

Series Papers II : Learning from the Wisdom of our Predecessors

Re-examination of the work of teachers: Postwar educational practice in Japan, and Dr. Yasuo Sugihara's principles of modern public education
By OMORI Naoki

In Japan, there is a strong tendency for the work of teachers to be limited to the performance of course contents and methods stipulated by the national government. In many schools, courses are performed exactly as indicated in the above-mentioned methods and contents. The exclusion of children who are unable to adapt to and follow a course as presented from school is also becoming more widespread. Therefore, there is an urgent need to clarify what the work of a teacher is exactly. This study seeks to delineate the work of a teacher using two methods. The first is to use the history of post-World War II educational practice in Japan as a reference. This led to the finding that one of the work duties of a teacher is not to perform courses according to the details and methods stipulated by the national government, but rather to execute a course by determining those that will lead to good academic results. The second method is to use the principles of modern public education as advocated by the constitutional scholar, Dr. Yasuo Sugihara, as a reference. Based on his research on the experiences of public education in France and Japan, Dr. Sugihara emphasized the "cultivation of knowledge"as his core principle. Within knowledge cultivation, he confirmed the need for independence (autonomy) of education rights, and other fundamental principles of modern education delineated by Dr. Sugihara is when teachers perform school courses after determining contents and methods on the grounds of desired academic results.

学会動向・学会関係記事

公教育計画学会動向

〈2022年6月〜2023年6月〉

2022年6月18日	2022年度定期総会を開催し、2021年度事務局体制の引継ぎ経過報告、2021年度決算・監査報告。2022年度計画及び予算案を承認。 同日、第1回編集委員会を開催。2023年度年報の作成について検討。
2022年7月9日	第2回編集委員会を開催し、同上。
2022年9月10日	第3回編集委員会を開催し、同上。
2022年10月8日	第4回編集委員会を開催し、同上。
2022年11月27日	第5回編集委員会を開催し、同上。併せて編集委員会主催「不連続研究会（第1回）」を開催。
2023年2月5日	第6回編集委員会を開催。「不連続研究会（第2回）」を開催。
2023年4月1日	第1回理事会を開催。2023年度の年報の編集・完成予定の報告。創立十周年記念誌の発刊方法について確認。2023年研究集会及び定例総会の開催方針等の検討。
2023年4月14日	第2回理事会を開催。2023年研究集会及び定例総会の開催の検討。
2023年4月28日	第3回理事会を開催。2023年研究集会及び定例総会の開催方針等日程の決定。
2023年6月12日	会計監査。
2023年6月18日	2023年度定例総会を開催。併せて研究集会を開催。

（文責・公教育計画学会事務局）

公教育計画学会会則

（名称）

第1条　本学会は、公教育計画学会（The Society for Public Education Planning）という。

（目的）

第2条　本学会は、学問・研究の自由を尊重し、公教育計画に関する理論的、実践的研究の発展に寄与するとともに、教育行政及び行政施策の提言を積極的に行うことを目的とする。

（事業）

第3条　本学会は、前条の目的を達成するため、次の各号の事業を行う。

　　　　一　　大会や研究集会等の研究活動の推進

　　　　二　　政策提言活動等の推進

　　　　三　　学会誌、学会ニュース、その他の出版物の編集・刊行

　　　　四　　その他、本学会の目的を達成するために必要な事業

（会員）

第4条　本学会の会員は、本学会の目的に賛同し、公教育計画又はこれに関係のある理論的、実践的研究に従事する者あるいは公教育計画研究に関心を有する者で、理事の推薦を受けた者とする。

　　2　　会員は、会費を納めなければならない。

（役員の及び職務）

第5条　本学会の事業を運営するために次の各号の役員をおく。

　　　　一　　会長　　　　　1名

　　　　二　　副会長　　　　1名

　　　　三　　理事　　　　　20名以内

　　　　三　　常任理事　　　若干名

　　　　四　　監査　　　　　2名

　　2　　会長は、本学会を代表し、理事会を主宰する。会長に事故ある時は、副会長がその職務を代行する。

（役員の選挙及び任期）

第6条　理事は、会員の投票により会員から選出される。

　　2　　会長は、理事の互選により選出し、総会の承認を受ける。

　　3　　副会長及び常任理事は、会長が理事の中から選任し、理事会の承認を受け、総会に報告する。

　　4　　監査は、会長が理事以外の会員より推薦し、総会の承認を受けて委嘱する。監査は、会計監査を行い、その結果を総会に報告するものとする。

　　5　　役員の任期は3年とし、再選を妨げない。ただし、会長は2期を限度とする。

174

（事務局）

第 7 条　本学会に事務局をおく。

　　2　　本学会の事務を遂行するため、事務局長 1 名、事務局次長 1 名、幹事若干名をおく。

　　3　　事務局長・事務局次長は、理事の中から理事会が選任する。

　　4　幹事は、理事会が選任する。

（総会）

第 8 条　総会は会員をもって構成し、本学会の事業及び運営に関する重要事項を審議決定する。

　　2　　定例総会は毎年 1 回開催し、会長が招集する。

（会計）

第 9 条　本学会の経費は会費、入会金、寄付金、その他をもって充てる。

　　2　　会費（学会誌購入費を含む）は年間5,000円（減額会員は3,000円）とする。減額会員については、理事会申合せによる。

　　3　　入会金は2,000円とする。

　　4　　本学会の会計年度は 4 月 1 日から翌年 3 月31日までとする。

（会則の改正）

第10条　本会則の改正には、総会において出席会員の 3 分の 2 以上の賛成を必要とする。

第11条　本会則の実施に必要な規程は理事会が定める。

附則

　　1　本会則は2009年 9 月27日より施行する。

　　2　　第 4 条の規定にかかわらず、本学会創立時の会員は理事の推薦を要しない。

　　3　　第 6 条の規定にかかわらず、本学会創立時の理事は総会で選出する。

　　4　　本会則は、2014年 6 月21日に改定し、施行する。

　　5　　第 9 条の「減額会員」等に関する会計処理は、以下の申合せ事項に基づいて処理する。

申し合わせ事項 1　減額会員について

　　　減額会員は年所得105万円を目安として、自己申告によるものとする。

申し合わせ事項 2　介護者・通訳者の参加費・懇親会費について

　　　大会参加費は、介助者・通訳者については無料とする。ただし、研究に関心のある介助者・通訳者は有料とする。懇親会費は、飲食しない介助者・通訳者は無料とする。研究に関心の有無は、原則として自己申告によるものとする。介助者・通訳者で有料となった場合は、他の参加者と同様の区分に従って大会参加費を徴収する。

　　6　　本会則は、2022年 6 月18日に改定し、施行する。

公教育計画学会会長・理事選出規程
(目的)
第1条　本規定は、公教育計画学会会則第6条に基づき、本学会の会長及び理事の選出方法について定める。
(理事の定数)
第2条　理事定数は20名以内とし、全国1区とする。
(会長及び理事の選出方法)
第3条　理事に立候補しようとする会員は、公示された立候補受付期間中に、定めた立候補届出用紙に必要事項を記入し、選挙管理委員長に提出しなければならない。
　　2　選挙管理委員長は、候補者受付期間中に届出のあった候補者の氏名を会員に公示しなければならない。
第4条　理事の選出は会員の無記名投票（連記式）により行う。ただし、定数以下の連記も有効とする。
　　2　理事当選者は票数順とし、同順位の場合は選挙管理委員会の行う抽選により決定する。
(理事の任期)
第5条　理事の任期は理事選出直後の定期大会終了の翌日より3年後の大会終了までとする。
(選挙管理委員会)
第6条　第3条に規定する理事選出事務を執行するため、会長は会員中より選挙管理委員会の委員を2名指名する。
　　2　選挙管理委員会は互選により委員長を決定する。
(選挙権者及び被選挙権者の確定等)
第7条　事務局長は、常任理事会の承認を受けて、理事選出の選挙権者及び被選挙権者（ともに投票前年度までの会費を選挙管理委員会設置当日までに収めている者）の名簿を調整しなければならない。
　　2　事務局長は、選挙管理委員会の承認を受けて、選挙説明書その他必要な文書を配布することができる。
(細則の委任)
第8条　本学会の理事選出に関する細則は、理事会の定めるところによる。
附則
　　1　この規程は、2009年9月27日より施行する。
　　2　この規程は、2012年2月19日に改定し、施行する。

公教育計画学会　年報編集委員会規程
第1条　公教育計画学会年報編集委員会は、学会誌「公教育計画研究」の編集及び発行に関する事務を行う。
第2条　当該委員は、理事会が会員の中から選出する。
　　2　委員の定数は、7名以内とし、うち過半数は理事から選出される。

3　委員長は、理事会の理事の中から選出する。

4　委員会の互選により委員長１名、副委員長１名及び常任委員を若干名選出する。

5　委員長、副委員長及び常任委員は常任編集委員会を編成し、常時、編集事務に当たる。

第３条　委員の任期は３年とし、交替時期は毎年の総会時とする。

第４条　委員会は、毎年１回以上会議を開き、編集方針その他について協議するものとする。

第５条　編集に関する規定及び投稿に関する要領は別に定める。

第６条　編集及び頒布にかかわる会計は、本学会事務局において処理し、理事会及び総会の承認を求めるものとする。

第７条　委員会は、その事務を担当する幹事若干名を置くことができる。幹事は、委員会の議を経て委員長が委嘱する。

第８条　委員会は事務局に置く。

附則

1　この規程は2009年９月27日より施行する。

2　この規程は2011年６月12日に改定し、施行する。

公教育計画学会年報編集規程

1　公教育計画研究（以下、年報という）は、公教育計画学会の機関誌であり、原則として年１回発行する。

2　年報は、本学会の研究論文、評論、書評、資料、学会記事、その他会員の研究活動に関する記事を編集・掲載する。

3　年報に論文等を投稿しようとする会員は、投稿・執筆要領に従い、その年度の編集委員会事務局に送付するものとする。

4　投稿原稿の採否は編集委員会の会議で決定する。その場合、編集委員会以外の会員に論文の審査を依頼することができる。

5　掲載予定原稿について、編集委員会は若干の変更を行うことができる。ただし、内容の変更の場合は執筆者との協議による。

6　編集委員会は、特定の個人又は団体に原稿を依頼することができる。

7　原稿は原則として返還しない。

8　写真・図版等での特定の費用を要する場合、執筆者の負担とすることができる。

9　その他執筆及び構成については執筆要領を確認すること。

10　抜き刷りについては各自の責任で校正時に直接出版社と交渉すること。

公教育計画学会年報投稿要領

1 投稿者の資格
  本学会会員に限る。

2 投稿手続き

（1） 投稿申し込み時期は原則として10月末日とする。ただし、投稿申し込みの方法及び日程については、その年度ごとの会報及び学会HPに詳細に掲載する。

（2） 論文送付に関しては、オリジナル原稿及びそのコピー1部を送付する。なお、原稿をデジタル化して送付する場合には、コピーを送付する必要はない。投稿者は、オリジナル原稿を必ず保存しておくこと。

（3） 論文の送付等にあたっては、次のものを必ず添付する。
  所属、氏名（ふりがな）、連絡先住所、電話番号、FAX番号、E-mailアドレス、ただし、氏名に関しては、和文・英文両方を併記すること。

3 原稿締め切り
  原稿の種類により締め切りは異なる。

（1） 投稿論文、公教育計画研究レポート及び研究ノートは、原則、1月10日。ただし、各年度の会報及び学会HP上にて詳細は、明示する。

（2） 上記以外の原稿については、別途指定する。
  いずれの原稿も、指定された期限までに学会事務局あるいは年報編集委員会まで必着とする。

公教育計画学会年報執筆要領

1 投稿論文等（投稿論文、公教育計画研究レポート、依頼原稿）の枚数など。

（1） 投稿論文は、横書き、35字×32行のフォームで16枚以内とする。

（2） 公教育計画研究レポート及び研究ノートは、横書き、35字×32行の書式で10〜14枚以内とする。

（3） 特集論文などの依頼論文については、編集委員会の判断を経て論文枚数など別途指定し、通知する。

2 投稿論文などの提出時に付ける本文以外の諸項目

（1） 論文表題、氏名、所属

（2） 論文要旨（和文400字以内）

（3） 表題、氏名の英文表記と論文要旨の英訳（200語程度）

3 本文については、節、項、目、例、図表等は、番号または適当な表題を付ける。
  注および引用文献は、体裁を整えて、文末に一括して併記する。
  図表等については、通し番号を付けて、文章中に挿入する位置をオリジナル原稿の右隅に、通し番号を付記して明示する。表組資料

などは、オリジナルデータを論文と同時に送付する。

引用文献、参考文献の表記は以下を参考に作成する。

（1）　論文の場合──著者名、論文名、掲載雑誌名など、巻、号、発行年、頁の順で表記。

（2）　単行本の場合──著者名、書名、発行所、発行年、頁の順で表記。

（3）　webサイトからの引用は、URLの他に引用・参照時の年月日および作成者（著作権者）を付記。

4　　校正について

（1）　著者校正は初稿のみとする。

（2）　校正は最小限度の字句、数字の修正にとどめる。

5　　執筆に関する事項について不明な点などがある場合には、その年度の編集委員会に問い合わせること。

公教育計画学会申し合わせ事項

Ⅰ　　会費納入に関する申し合わせ

1　　会員は、当該年度の大会開催時までに当該年度会費を納入するものとする。

2　　大会における自由研究発表及び課題研究等の発表者は、当該年度の会費を完納するものとする。

3　　会長及び理事選挙における有権者または被選挙権者は、選挙前年度までの会費を前年度末までに完納している会員でなければならない。

Ⅱ　　長期会費未納会員に関する申し合わせ

1　　会費未納者に対しては、その未納会費の年度に対応する年報を送らない。

2　　会費が３年以上未納となっている会員は、次の手順により退会したものとみなす。

Ⅲ　　未納３年目の会計年度終了に先立つ相当な期間と学会事務局が認めた時期において、当該会費未納会員に対し、相当の期間を定めて、会費未納を解消することを催告し、かつ期限内に納入されない場合には退会したものとして取り扱う。

Ⅳ　　学会事務局は、前項督促期間内に会費を納入しなかった会員の名簿を調整し、理事会の議を経て退会を決定する。

公教育計画学会役員一覧

[第 5 期　役員（2021年 6 月～）]

会　　長　　元井　一郎（10周年記念事業担当）
副会長　　石川　多加子
理　　事　　相庭　和彦（年報編集委員長）
　　　　　　池田　賢市
　　　　　　一木　玲子
　　　　　　加藤　　忠（事務局長）
　　　　　　国祐　道広
　　　　　　小泉　祥一
　　　　　　住友　　剛
　　　　　　菅原　秀彦（事務局次長）
　　　　　　福山　文子
　　　　　　矢吹　芳洋
　　　　　　※　理事は全員常任理事を兼ねる

監　　査　　古市　　恵
　　　　　　山口　伸枝

幹　　事　　武波　謙三
　　　　　　戸倉　信昭
　　　　　　戸張　　治
　　　　　　中村　文夫
　　　　　　水野　鉄也
　　　　　　山城　直美

年報編集委員会委員一覧

[第 5 期（2021年 6 月～）]

委員長　　相庭　和彦
副委員長　福山　文子
　　　　　住友　　剛
　　　　　大森　直樹
　　　　　一木　玲子
編集幹事　山本　詩織
　　　　　田口　康明
英文校閲　Robin E. Sowden

編集後記

　障害のある人々の人権や自由を守ることを定めた障害者権利条約。この条約に基づき、日本政府はどのような取り組みをしてきたのか。国連の権利委員会による初めての審査が行われ、2022年9月に総括所見・改善勧告が公表された（原文と翻訳は本書に掲載）。

　24条「教育」については、（a）から（f）まで、6点の懸念が表明され、「国の教育政策、法律及び行政上の取り決めの中で、分離特別教育を終わらせることを目的として、障害のある児童が障害者を包容する教育（インクルーシブ教育）を受ける権利があることを認識すること」「全ての障害のある児童に対して通常の学校を利用する機会を確保すること」「特別学級に関する政府の通知を撤回すること」などが要請された。

　インクルーシブ教育が、国際文書に明記されたのは、1994年のサラマンカ宣言である。そのサラマンカ宣言では、「さまざまな困難を抱える人たちを排除しないで受け入れていく社会をつくりだすには、その社会の一部である学校がインクルーシブなものでなければならない」という原則が明確に打ち出されている。今回の総括所見・改善勧告は、本来のインクルーシブ教育を日本に求めたと言えるだろう。

　「ともに学ぶ子どもたちは、ともに生きることを学ぶ」という言葉がある。「共通の場において」学ぶ意義についてあらためて考える必要があるのではないだろうか。インクルーシブ教育システムという、インクルーシブ教育とは似て（もいないか……）非なるものの本質を見抜き、真のインクルーシブ教育に移行するべく、考え、声を上げ、そして行動する必要をあらためて感じている。

　末筆ながら、大変お忙しい中ご執筆を快くお引き受け下さり、原稿を届けて下さった方々、そして遠くイタリアから寄稿して下さった方々に厚くお礼を申し上げます。前号に引き続き、折に触れ事務局の相談に乗って下さった八月書館の皆様に、心よりの謝意を捧げます。

（年報編集委員　福山 文子）

公教育計画研究14

[公教育計画学会年報14号]

特集：特別支援教育中止勧告の衝撃と学校改革

発行日　2023年8月25日
編　集　公教育計画学会年報編集委員会
発行者　公教育計画学会学会事務局
　　　　〒029-4206　岩手県奥州市前沢字簾森37-215

発売所　株式会社八月書館
　　　　〒113-0033　東京都文京区本郷2-16-12 ストーク森山302
　　　　　TEL 03-3815-0672　FAX 03-3815-0642
　　　　　振替 00170-2-34062
印刷所　創栄図書印刷株式会社

ISBN978-4-909269-20-1　　　　定価はカバーに表示してあります